Lieblingssachen

• WOHLFÜHLKLEIDER FÜR KINDER •

Größen 116–140

*Ein liebevolles Gemeinschaftsprojekt von Daniela Drescher, Monika Popp,
Michèle Brunnmeier, Eva-Maria Maier, Elisabeth Esch und acufactum*

Lieblingssachen

Im Titel dieses Buches steckt das Wort *Liebe*. Sie ist die Motivation für all die kreativen schönen Dinge, die Sie und wir für unsere kleinen Lieblinge tun. Aus Liebe zu Ihnen wachsen wir über uns hinaus und wagen uns an Dinge, die wir uns ohne sie vielleicht nicht hätten vorstellen können. Auf jeder Seite dieses Buches können Sie die Liebe entdecken, die all die Mitwirkenden beflügelt hat, die an diesem Buch mitgestaltet haben. Lassen Sie uns Ihnen diese wunderbaren Damen kurz vorstellen:

Daniela Drescher – diese begnadete Künstlerin, selbst Mutter von 4 Kindern, zeichnete die Motive, die Sie als Gestaltung im Buch, auf Stoffen gedruckt und auf Bändern gewebt sehen. Sie nimmt Groß und Klein mit ihren Bildern und Geschichten mit auf ihre fantasievollen Reisen.

Monika Popp – sie hat die Wohlfühlschnitte für dieses Buch entworfen. Nach der Geburt ihres dritten Enkelkindes begann sie ihre bestehende Damenkollektion Natur zum Anziehen um Kinderschnitte zu erweitern.

Michèle Brunnmeier – als Mutter von 6 Kindern und Kindergärtnerin mit Waldorfausrichtung hat sie einen ganz besonders feinfühligen Blick auf die Welt der Kinder und erzählt auf ihre unverwechselbare Art und Weise mit ihren Fotografien wahre Bildergeschichten.

Eva-Maria Maier – ihr Talent als Goldschmiedemeisterin setzt sie in diesem Buch liebevoll für schmückende Accessoires ein. Sie ist Mutter von 2 Kindern und liebt die kreative Handarbeit.

Elisabeth Esch – sie hat die hier gezeigten Modelle mit Hingabe und Liebe genäht. Sie ist Mutter von 3 Kindern und hat ein feines Nähatelier, in dem sie ihrer Leidenschaft für Nadel und Faden nachgeht.

Wir sind froh und dankbar, diesen bunten Strauß aus Liebe für Sie pflücken zu dürfen und daraus ein Buch zu gestalten und zusammenzusetzen. Wir im Verlag acufactum arbeiten mit Hingabe daran, dass unsere Handarbeitsbücher zu liebevollen Begleitern für Sie werden. Wir wünschen Ihnen nun viel Freude mit unseren Lieblingssachen.

Wir grüßen Sie herzlich

Ihre Ute Menze und Meike Menze-Stöter

Wir danken ganz besonders all unseren wunderbaren Models, die so frisch und fröhlich unsere Modelle zeigen: „Ihr habt das einfach toll gemacht!"

Das ist im Buch

HINWEISE TIPPS & TECHNIKEN
Seite 6–7

MÄDCHENKLEID „HANNA“
„Hanna“ ärmellos, Seite 8
„Hanna“ kurzarm, Seite 16, 20
„Hanna“ langarm, Seite 12, 24
Anleitung Seite 14–15

FEINES PASPELKISSEN
Anleitung Seite 10

LIEBLINGSTASCHE „ESELCHEN“
Anleitung Seite 18

STRICKBOLERO „MIA“
Anleitung Seite 22

STRICKSTULPEN „EVI“
Anleitung Seite 27

HÄKELKRAGEN „LIV“
Anleitung Seite 28

LIEBLINGSKETTEN
Anleitung Seite 31

LIEBLINGSSCHMUCK
Anleitung Seite 32

LATZHOSE „THEA“
für Mädchen und Jungen
Anleitung Seite 36

SCHIRMMÜTZE „MATTI“
Anleitung Seite 39

STEHKRAGENHEMD „TOM“
„Tom“ kurzarm, Seite 40
„Tom“ langarm, Seite 44, 84
Anleitung Seite 42–43

HOSE „ANTON“
„Anton“ kurz, Seite 47
„Anton“ 3/4, Seite 45
„Anton“ lang, Seite 47
Anleitung Seite 46

SOMMERBLUSE „LINNEA“
„Linnea“ ärmellos, Seite 48
„Linnea“ kurzarm, Seite 50
Anleitung Seite 51

HEMDCHEN „KLARA“
„Klara“ lang, Seite 52, 54
„Klara“ kurz, Seite 59, 60
Anleitung Seite 58

BLUMENHÜTCHEN „FLORA“
Anleitung Seite 62

STRICKSTOLE „GRETA“
Anleitung Seite 65

ZIPFELTUNIKA „BEA“
Anleitung Seite 68

WOHLFÜHLROCK „ISA“
Anleitung Seite 73

WENDEJACKE „KARL“
„Karl“ Jacke, Seite 81, 82
„Karl“ Mantel, Seite 74
Anleitung Seite 79–80

LIEBLINGSSCHAL „PINA“
Anleitung Seite 76

STICKMUSTER & SCHABLONEN
Seite 86–87

MATERIALINDEX
Seite 88

IMPRESSUM
Seite 96

Hinweise, Tipps & Techniken

In jeder Anleitung befinden sich ein Auflageplan, eine Materialliste, und eine allgemeine Nähanleitung. Detailreiche Varianten haben wir gesondert aufgelistet.

Vor jedem Zuschnitt überprüfen Sie bitte alle Maße anhand der Maße des Kindes, unserer Maßtabelle und des Papierschnittes. In diesem Buch handelt es sich um weit geschnittene Kleidung. Es könnte also sein, dass ihr Kind, wenn es schmal ist, eine Kleidergröße weniger benötigt.

MASSTABELLE

Größen:	116	122	128	134	140
Oberweite	62	64	66	68	71
Taillenweite	57	58	59	61	63
Hüftweite	66	68	70	72	75
Rückenlänge	28	29,5	31	32,5	34
Ärmellänge	40	42	44	46	48,5
seitl. Hosenlg.	70	74	78	82	86
Schulterbreite	9,6	10	10,4	10,8	11,2

Die Modelle in diesem Buch haben wir ausschließlich aus bedruckter Baumwolle, gefärbtem Leinen und Teddyplüsch genäht. Bei der gemeinsamen Verarbeitung mehrerer Stoffe sollten diese vorgewaschen werden. Die Stoffe zeichnen sich durch folgende Eigenschaften aus:

BEDRUCKTER ACUFACTUM-BAUMWOLLSTOFF

Damit Sie lange Freude an unseren Stoffen haben, empfehlen wir Ihnen die Stoffe immer auf links zu waschen, um einen Farbabrieb zu vermeiden. Bitte waschen Sie bei 30 Grad möglichst mit Fein– oder Colorwaschmittel. Dosieren Sie das Waschmittel nicht zu hoch. Unsere Baumwollstoffe können naturgemäß bis zu 5 % einlaufen. Deshalb empfehlen wir unsere Stoffe vor dem Vernähen (besonders in Kombination mit anderen Materialien) zu waschen. Im Trockner können die Stoffe zusätzlich einlaufen, ein hoher Schleudergang beansprucht den Stoff zusätzlich (falls nötig, bis zu 900 U/min geeignet). Die Baumwolle kann heiß gebügelt werden.

LEINEN

Leinen ist ein unempfindlicher natürlicher Stoff, der sich wunderbar zur Bekleidung vernähen lässt. Er ist strapazierfähig. Für das hier verwendete gefärbte Leinen empfehlen wir eine Waschtemperatur von 30 Grad. Leinen kann erheblich einlaufen, deshalb vor dem Vernähen vorwaschen.

TEDDYPLÜSCH

Die Zuschnitte dieses Mischgewebes sollten in eine Strichrichtung geschnitten werden, um ein harmonisches Gesamtbild zu gewährleisten.

STOFFVERBRAUCH

Um den individuellen Stoffverbrauch zu ermitteln, wenn das Modell aus mehreren Stoffen besteht, wird immer die höchste Stelle des Schnittteiles des jeweiligen Soffes gemessen. Alle Stoffe müssen vor dem Zuschneiden gewaschen werden.

WICHTIG: Als einfache Faustregel gilt: generell 20 cm mehr Stoff veranschlagen, als benötigt wird. Somit sind der Einlauf und die Musterrapporte kein Problem.

AUFLAGEPLAN

Der Auflageplan zeigt an, wie die Schnittteile am günstigsten auf dem Stoff verteilt angeordnet werden.

SCHNITTTEILE ZUSCHNEIDEN

Die Schnittteile werden laut Auflageplan auf den faltenfrei gebügelten Stoff im Fadenlauf aufgelegt. Hierfür wird der Papierschnitt mit Schnittmusterpapier abgepaust. Ohne Auflageplan werden zuerst große Schnittteile und kleinere danach aufgelegt. Zwischen den Teilen ggf. Platz für Markierungen lassen. Schnittteile ringsum mit Stecknadeln befestigen und anschließend entlang der Papierkante ausschneiden.

TIPP: Wer ganz filigran mit den Musterstoffen arbeiten möchte, wählt durchsichtige Schnittmusterfolie, um die gedruckten Figuren liebevoll zu platzieren. Hierfür könnte allerdings mehr Stoff benötigt werden als angegeben ist.

FADENLAUF

Der Fadenlauf bezeichnet die Richtung des Kettfadens des Gewebes. Die im Schnittmusterbogen angezeigten Pfeile liegen parallel zum Fadenlauf des Gewebes.

STOFFBRUCH

Als Stoffbruch wird die Falte bezeichnet, die sich beim Zusammenlegen oder Umschlagen der Stoffbreite bildet. Für eine solche Falte ist auch der Begriff Bruchkante üblich. Beim sogenannten „im Stoffbruch/ in der Umbruchlinie zuschneiden" liegt der Stoff doppelt, und die ausgeschnittenen Teile sind spiegelverkehrt.

NAHTZUGABEN

Die Schnittmuster in unserem Buch beinhalten 1 cm Nahtzugaben.

EINLAGE

Eine Einlage bezeichnet eine Verstärkung des Gewebes. Geeignet für Baumwolle ist eine leichte Vlieseline. Der Zuschnitt erfolgt genau wie beim Baumwollstoff. Wichtig ist, dass die gekörnte Klebeseite später auf die linke Stoffseite aufgebracht wird (also spiegelverkehrt zuschneiden).

Hinweise, Tipps & Techniken

HALSAUSSCHNITT
Bei unseren Kinderschnitten werden meist Belege/Formblenden zum Versäubern vom Halsausschnitt verwendet. Diese werden nach Anleitung verarbeitet. Damit die Blende nachher gut sitzt, werden die Nahtränder bis ca. 2 mm zur Naht in den Rundungen eingeschnitten.

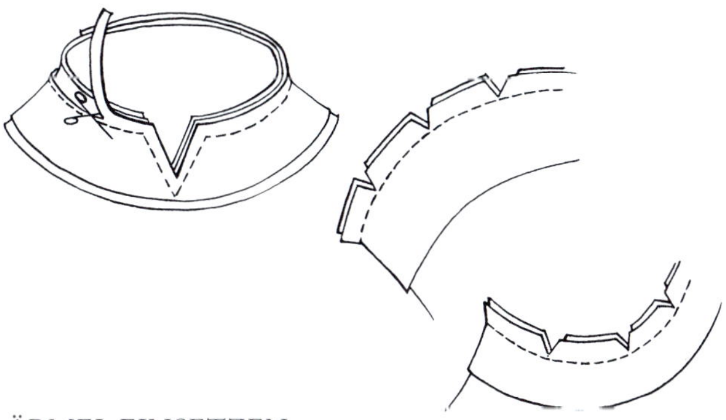

ÄRMEL EINSETZEN
Im Schnitt existiert eine eingezeichnete Markierung für die Schulternaht. Diese muss beim Einsetzen der Ärmel direkt auf die Schulternaht treffen. Dabei auf die vordere Markierung im Ärmel achten. Es empfiehlt sich den Ärmel vorab mit Stecknadeln zu fixieren, um die Passform zu gewährleisten.

TASCHEN AUFNÄHEN
Bei Taschen sind der Fantasie keine Grenzen gesetzt, nur Mut! Verschiedene Formen und Größen können nach Herzenswunsch zu Papier gebracht und ausgeschnitten werden. Hier im Buch haben wir meist einfache rechteckige Formen verwendet, die nach Schnittanleitung direkt auf das Kleidungsstück genäht werden.

Andere Formen, wie z. B. das Herz, werden doppelt zugeschnitten, rechts auf rechts aufeinander gelegt, verstürzt, gewendet und aufgenäht.

KNOPFLOCH NÄHEN
Fast jede moderne Nähmaschine hat ein Programm zum Nähen eines Knopfloches unter Zuhilfenahme eines speziellen Nähfußes.

KNOPFLOCHÖSE
Hierfür wird auf Höhe des Knopfes in den gegenüberliegenden Schlitz ein Hutgummi mit in die Naht eingefasst.

EINKRÄUSELN
Hierbei steppt man mit großen Stichen rechts und links von der Nahtlinie. Das Ende wird nicht vernäht. So kann an den beiden überstehenden Oberfäden gezogen werden, dadurch rafft sich die Stoffbahn. Diese Kräusel müssen dann gleichmäßig verteilt werden, bevor das eingekräuselte Stoffteil an ein anderes Stoffteil genäht wird.

VERSÄUBERN
Üblicherweise wird die Nahtzugabe mit einem Zickzackstich oder mit der Overlockmaschine versäubert, um das Ausfransen zu verhindern.

TUNNEL
Ein doppelt gelegter Stoffbereich, in den Kordeln oder Gummibänder eingezogen werden.

WEBBAND AUFNÄHEN
Webband unter einem feuchten Tuch auf kleinster Stufe abbügeln, anschließend knappkantig aufnähen.

STICKDATEIEN
Das zu bestickende Schnittteil wird grob zugeschnitten und anschließend nach Wunsch bestickt. Für besonders fein definierte Stickdateien muss ein festes Stickvlies verwendet werden. Nach dem Besticken wird das Schnittteil nach Kontur zugeschnitten. Ggf. das Motiv einmal vorab probesticken.

SCHRÄGSTREIFEN
Ein Schrägstreifen kann zum Versäubern von Arm- und Halsausschnitten verwendet werden, zu Paspelverzierungen und als Rüsche. Dazu wird der Stoff so gefaltet, dass die Schnittkante im Querfadenlauf genau auf der Schnittkante zum Längsfadenlauf zu liegen kommt. Dann wird der Stoffbruch aufgeschnitten, die gewünschte Breite markiert und die Streifen zugeschnitten. Sie werden anschließend fadengerade und entgegengesetzt aneinander genäht. Diese Schrägstreifen können nun an den Saum als Abschluss verwendet werden, dazu den Streifen im Stoffbruch zusammenlegen. Die offene Kante auf die rechte Stoffseite an die Saumkante anlegen und festnähen. Nun die Naht nach oben bügeln und zur Zierde nochmal absteppen.

Zum Einfassen von Arm- und Halsausschnitten den Schrägstreifen rechts auf rechts auf den Ausschnitt legen und füßchenbreit festnähen. Dann wird der Streifen soweit nach innen geschlagen, dass er auf der rechten Seite sichtbar bleibt. Innen kann der Streifen an die Naht geheftet werden und dann von außen knapp am Rand abgesteppt werden. Schrägstreifen lassen sich schon aus 30 cm Stoff oder den Resten des Stoffzuschnittes herstellen.

Mädchenkleid „Hanna" ohne Ärmel, Anleitung S. 14
Kinderkette, Anleitung S. 31

„Ein schöner Rücken kann auch entzücken". Als feines Detail ist hier ein Webetikett aufgenäht.

FEINES PASPELKISSEN

Für so ein feines Paspelkissen aus Lieblingsstoff findet man immer ein passendes Plätzchen.

Größe: 50 x 50 cm

Material:
- 0,60 m Baumwollstoff
- 2,10 m Paspel
- Reißverschluss, 40 cm
- Kissenfüllung

Zuschnitt inkl. 1 cm NZ / 2 cm für den Reißverschluss:
- A: 2 Stücke 48 x 52 cm und 8 x 52 cm
- B: 1 Stück 52 x 52 cm

Anleitung:
Wasche den Baumwollstoff auf 30 Grad mit Feinwaschmittel und schneide anschließend die Zuschnitte zu. Für die Rückseite nähe den Reißverschluss zwischen die beiden Teile A und öffne ihn zum späteren Wenden ein Stück. Die Paspel nah am Wulst entlang auf Teil B nähen. Nun dasfertige teil A mit Reißverschluss und Teil B rechts auf rechts aufeinanderlegen und die Nähte ringsum schließen. Dabei fasse ringsum die Paspel mit in die Naht ein. Achtung: beachte beim Zusammennähen die Motivrichtung des Stoffes!

Lieblingskissen
nicht nur für kleine Menschen

Zauberhafte Fabelwesen

Mädchenkleid „Hanna" mit langen Ärmeln, Anleitung S. 14

Hier sehen Sie das Modell „Hanna“ mit langen Ärmeln. Der klassische Häkelkragen ergänzt das hübsche Kleid ganz wunderbar.

MÄDCHENKLEID „HANNA“

Das Mädchenkleid ist ein locker geschnittenes Modell mit tief angesetzter Taille, einem angekrausten Rock in den Varianten Kurzarm, Langarm, und Ärmellos

Mädchenkleid mit 3 Ärmelvarianten
Gr. 116 / 122 / 128 / 134 / 140
fertige Länge Gr. 116 ca. 0,62 m
Schnittmuster auf Bogen Nr. 1

Stoffempfehlung: Baumwolle, Leinen

Auflageplan: Unser Auflageplan gilt für eine Verarbeitung mit einer Stoffsorte. Der Stoff wird doppelt gelegt.

Auflageplan mit Ärmel

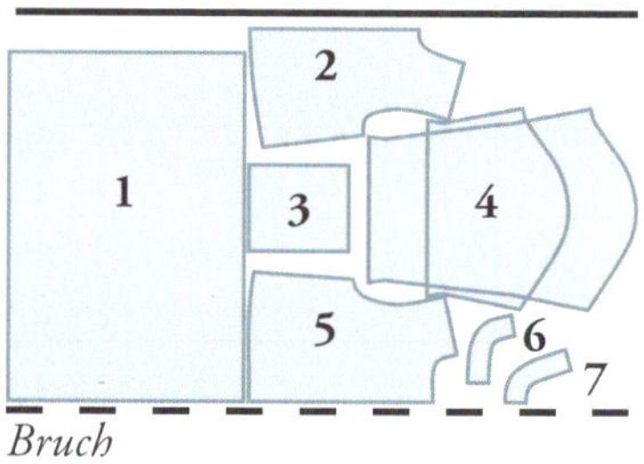

Auflageplan ohne Ärmel

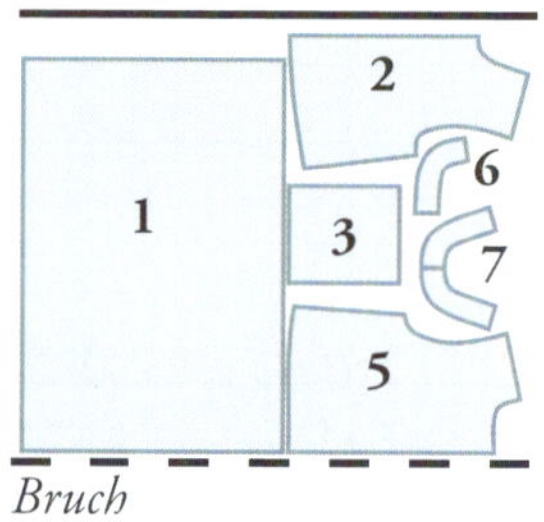

Materialverbrauch bei einer Stoffsorte (1,40 m breit):

Kleid mit langem Ärmel
116 = 1,05 m / 122 = 1,15 m / 128–134 = 1,20 m / 140 = 1,25 m

Kleid mit kurzem Ärmel
116 = 0,90 m / 122 = 0,95 m / 128–134 = 1,10 m / 140 = 1,15 m

Kleid ohne Ärmel
116 = 0,80 m / 122 = 0,85 m / 128–134 = 1,00 m / 140 = 1,05 m

Weitere Materialien:
- 10 cm Hutgummi
- 15 cm Einlage (Vlieseline)
- 1 Knopf

Anleitung für 1 Stoffsorte:
Alle Schnittteile sind inklusive 1 cm Nahtzugabe. Die Anleitungsnummern in der Anleitung entsprechen den Anleitungsnummern auf dem Schnittmuster. Alle Teile laut Auflageplan zuschneiden.

Δ 1 Die Nahtzugaben einzeln versäubern, die hintere Mitte bis zur Markierung schließen und die Nahtzugaben auseinander bügeln.
Δ 2 Die Schulternähte schließen.
Δ 3 Die Einlage auf die Belege bügeln. Die Schulternähte der Belege schließen.
Δ 4 Die Belege rechts auf rechts an den Halsausschnitt nähen, auch das kleine Stück an der hinteren Mitte, dabei auf der linken Seite die Gummiöse mitfassen (siehe Grundanleitung). Dann den Beleg nach innen wenden und festnähen.
Δ 5 Die Ärmel an den Armausschnitt nähen (siehe Grundanleitung).
Δ 6 Die Ärmel- und Seitennähte schließen.
Δ 7 Die hintere Mitte des Rockteils schließen.
Δ 8 Den Saum nähen.
Δ 9 Das Rockteil einkräuseln (siehe Grundanleitung) und an das Oberteil nähen.
Δ 10 Die Nahtzugaben der Taschen versäubern, nach innen bügeln und den Taschensaum nähen.
Δ 11 Die Tasche auf den Rock laut Markierung nähen.
Δ 12 Den Knopf annähen.

„Hanna“ kurzarm mit Stoff Lieblingsesel (S. 16)
Abweichend vom Auflageplan haben wir hier Ärmel und Oberteil aus dem Baumwollstoff Tupfen weiß-grün genäht (Nr. 2+4–7). Den Rock haben wir aus dem Baumwollstoff Lieblingsesel genäht (Nr. 1+3).

„Hanna“ kurzarm in Rosa (S. 20)
Abweichend vom Auflageplan haben wir hier Ärmel und Oberteil aus dem Baumwollstoff Tupfen altrosa-weiß genäht (Nr. 2+4, 5–7). In die Seitennaht vom Oberteil werden je mit 1 cm Abstand von unten 60 cm lange Satinbänder in der Farbe rosa eingenäht. Diese werden später rückwärtig zur Schleife gebunden. Den Rock haben wir aus einem Leinenstoff altrosa meliert genäht (Nr. 1+3). Die aufgesetzte Tasche ist bis zum unteren Saumende verlängert worden und mit der Maschinenstickerei „Mädchen mit Blütenkranz“ bestickt worden. Die Tasche wird nach dem Besticken und vor dem abschließenden Säumen des unteren Rockteils aufgenäht.

„Hanna" langarm mit Stoff Beerenelfe (S. 24)

Abweichend vom Auflageplan haben wir hier Ärmel, Rockteil und Tasche aus naturfarbenem Leinen meliert genaht (Nr. 1, 3+4). Aus dem Baumwollstoff Beerenelfe haben wir Vorder- und Rückenteil genäht (Nr. 5+2). Den Arm- und Rocksaum haben wir mit einer schmalen Schrägbandkante (siehe Grundanleitung) aus dem Baumwollstoff Tupfen rot-weiß gearbeitet. Der Halsausschnitt ist mit einem Beleg aus dem Stoff Tupfen rot-weiß gearbeitet (Nr. 6+7). Dieser ist nach Anleitung eingenäht, ein Stückchen hochgeschoben und von rechts abgesteppt worden, sodass die Kante sichtbar wird. Die aufgesetzte Tasche ist bis zum unteren Saumende verlängert worden. Sie wird vor dem abschließenden Säumen des unteren Rockteils aufgenäht. Dabei haben wir das Webetikett Rotkehlchen mit in die Naht eingefasst und mit einem Zierknopf versehen.

„Hanna" langarm mit Stoff Einhornschaf (S. 12)

Abweichend vom Auflageplan haben wir hier Ärmel und Oberteil aus jeansblau meliertem Leinen genäht (Nr. 2, 4–7). Den Rock (Nr. 1) haben wir aus dem Baumwollstoff Einhornschaf genäht. Wir haben hier auf das Aufsetzen von Taschen verzichtet.

„Hanna" ärmellos mit Stoff Vogelwelt (S. 8)

Abweichend vom Auflageplan haben wir hier das Oberteil aus dunkelblau meliertem Leinen genäht (Nr. 2, 5–7). Den Rock haben wir aus dem Baumwollstoff Vogelwelt genäht (Nr. 1). Als besonderes Detail haben wir einen Unterrock aus grauem Tüll genäht. Hierfür wurde der Tüll in der gesamten Stoffbreite auf die gewünschte Länge geschnitten und oben mit einem Gummibund versehen. Für mehr Volumen werden 2 x 10 cm der Tüllstoffbreite aneinandergenäht, auf den Umfang des Unterrockes eingekräuselt und so aufeinandergenäht, dass die Säume bündig abschließen. Der Armausschnitt wird mit einem Schrägband aus dem Leinen versehen (siehe Grundanleitung). Auf dem Rückteil haben wir unterhalb vom Schlitz das Webetikett „ Für Königskinder" aufgenäht.

Mit dem Mädchenkleid „Hanna" lassen sich viele große und kleine Abenteuer erleben. Hier ist das Modell mit kurzen Ärmeln zu sehen.

Mädchenkleid „Hanna" mit kurzen Ärmeln, Anleitung S. 14
Lieblingstasche „Kleiner Esel", Anleitung S. 18

Eselchen kommt mit

LIEBLINGSTASCHE „ESELCHEN“

Ein treuer Begleiter für alle kleinen und großen Abenteuer ist die Tasche mit dem aufgestickten Eselchen. Hinein kommt alles Wichtige und Eselchen passt gut darauf auf.

Größe: 20 x 22 cm, Bodentiefe 5 cm
Stickereigröße: 10 x 12 cm
Stickmuster Seite 86

Material:
- 0,30 m Zählleinen, weiß
- 0,30 m Leinenstoff, grau
- 0,30 m dünnes Volumenvlies zum Aufbügeln
- 0,40 m Baumwollstoff Tupfen weiß-gelb
- Webetikett Für Königskinder
- Stickgarn
- Knebelholzknopf, 40 mm
- 0,20 m Vlieseline

Zuschnitt (inkl. 1 cm Nahtzugabe):
- Zählleinen 22 x 26 cm
- Leinen grau 22 x 26 cm
- Baumwollstoff Tupfen (Futter), 22 x 50 cm
- Baumwollstoff Tupfen (Träger), 10 x 90-100 cm
- Volumenvlies, 2 x 22 x 26 cm
- Baumwollstoff Tupfen (Knopfschlaufe), 4 x 18 cm

Anleitung:
Sticke das Motiv im Kreuzstich mittig auf das Zählleinen (das Motiv gibt es auch als Stickdatei auf www.acufactum.de). Schneide es den angegebenen Maßen entsprechend so zu, dass die Stickerei mittig im unteren Bereich liegt und etwa 7 cm oberhalb der unteren Stoffkante des Vorderteils beginnt. Schneide das rückwärtige Teil aus grauem Leinen zu, nähe das Webetikett an den oberen Bereich. Schneide nun das Futter aus und versäubere die Kanten sämtlicher Zuschnitte. • Hinterbügle beide Leinenzuschnitte mit Volumenvlies, achte darauf, dass das Leinen fadengerade liegt. Lege das Zählleinen rechts auf rechts auf den grauen Leinenzuschnitt, nähe beide Teile an den Längskanten und Unterkante zusammen. • Falte das Futter rechts auf rechts, steppe es an den beiden Längsseiten zusammen, lasse jedoch an einer der beiden Seiten mit ca. 10 cm Abstand zum unteren Stoffbruch eine Wendeöffnung von ca. 5 cm offen. • Nähe für den Taschenboden am Außen- sowie am Futterteil jeweils rechts und links die Ecken 3 cm von der Spitze entfernt gemessen ab, die Nahtlänge der Quernaht beträgt 5 cm und muss genau im rechten Winkel zur Seitennaht verlaufen. • Hinterbügle den Trägerzuschnitt mit Vlieseline. Falte für den Träger den Baumwollstoff der Länge nach mittig rechts auf rechts und nähe diesen zu einem langen Schlauch zusammen. Bügle die Nahtzugaben auseinander und wende den Träger. Bügle den Schlauch noch einmal rechtsseitig, sodass die Naht genau in der hinteren Mitte liegt. Steppe für eine schönere Optik und besseren Halt die Längskanten knappkantig. Arbeite mithilfe eines Schrägbandformers ein Schrägband mit einer fertig gefalteten Breite von ca. 1 cm und einer Länge von ca. 18 cm, steppe es knappkantig aufeinander. • Falte das Band in der Mitte und fixiere es mit einigen Stichen an der rückwärtigen Mitte der Tasche auf dem grauen Leinen, die Schlaufe ist nach unten gerichtet, die Schrägbandenden ragen etwas über den Rand hinaus. Stecke nun den Träger rechts auf rechts an die seitlichen Nähte des Taschenvorderteils, achte hierbei darauf, dass sich die Nähte jeweils an derselben Stelle befinden, die Trägerenden ragen etwa 1 cm über die Oberkante der Tasche. • Stülpe Außen- und Innenteil rechts auf rechts ineinander und nähe beide Teile an der oberen Kante zusammen, Träger und Knopfschlaufe liegen dabei zwischen beiden Lagen und werden mit gefasst. Achte darauf, dass die beiden Trägerkanten parallel zur Oberkante der Tasche bleiben. Wende die Tasche durch die Wendeöffnung, schließe diese, stülpe das Innenteil in das Außenteil, dämpfe das Täschchen mit einem feuchten Tuch und steppe die obere Kante knappkantig. Nähe den Knopf mittig und entsprechend der Länge der Schlaufe an das Vorderteil.

Tipp: bringe ein Stückchen Hanfschnur am Hals des Eselchens an und binde ein kleines Glöckchen daran (aus dem Bastelbedarf).

Das Eselchen nimmt alles mit

Ausflug in den Elfenwald

Hier passt einfach alles ganz besonders gut zusammen. Das leichte Kleidchen wird gekonnt kombiniert mit Strickbolero und Häkelkragen.

Mädchenkleid „Hanna" mit langen Ärmeln, Anleitung S. 14
Strickbolero „Mia", Anleitung S. 22 • Armband Anleitung S. 32
Häkelkragen, Anleitung S. 28

STRICKBOLERO „MIA“

Dieser schöne Strickbolero mit 3/4 Ärmeln ist einfach zu fertigen und passt vielen Größen, da es eine Einheitsgröße ist. Er ist hübsch zum Kleidchen, aber auch zu Bluse und Hose sieht er sehr fein aus

Material:
- 150 g Wolle Merida Farbe 40 altrosa
- Rundstricknadel Stärke 5
- Nadelspiel Stärke 5
- 4 Knöpfe Durchmesser ca. 1,5 cm

Anleitung Rückenteil:
Es werden 85 Maschen angeschlagen. • 6 Reihen rechts stricken. Die 1. und letzte Masche werden immer rechts gestrickt. So entsteht ein Knötchenrand. • In der 7. Reihe wird mit dem Muster wie folgt begonnen: 4 M kraus rechts, 31 M glatt rechts, 15 M Muster, 31 M glatt rechts, 4 M kraus rechts = 85 M • In dieser Weise 32 cm arbeiten. • Nun in der folgenden Rückreihe 3 Reihen rechte Maschen stricken. In der Hinreihe abketten.

Anleitung Vorderteil:
Es werden 48 M angeschlagen. • 6 Reihen rechts stricken. Die 1. und letzte Masche werden immer rechts gestrickt. So entsteht ein Knötchenrand. • In der 7. Reihe wird mit dem Muster wie folgt begonnen: 4 M kraus rechts, 8 M Muster, 32 M glatt rechts, 4 M kraus rechts = 48 M. In dieser Weise 21 cm arbeiten. Das 1. Knopfloch in der 7. Reihe stricken. Das 2. und 3. Knopfloch nach je 6,5 cm arbeiten. • In der letzten Reihe wird das 4. Knopfloch gearbeitet. Nun wird mit dem Ausschnitt begonnen, indem in jeder Hinreihe die 1. und 2. rechts Masche nach dem Ajourmuster rechts verschränkt gestrickt wird (rechte Jackenseite) bzw. rechts zusammengestrickt wird (linke Jackenseite). • Dieser Vorgang wird 17 mal wiederholt bis 31 Maschen. • In der folgenden Hinreihe werden alle Maschen ohne Abnahme rechts gestrickt. Es werden weitere 4 Reihen rechte Maschen gestrickt und abgekettet. • Nun werden die Schulternähte zusammengenäht. Die Seitennähte werden bis auf 13,5 cm am Armausschnitt zusammengenäht.

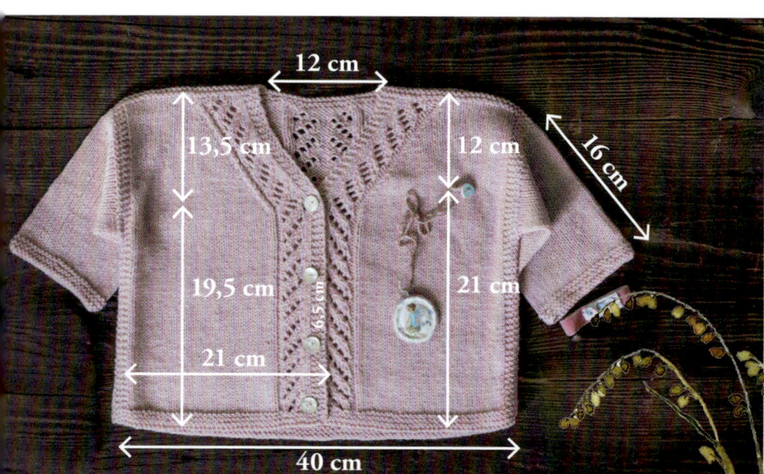

Anleitung Arm:
Es werden die Maschen am Knötchenrand aufgenommen, pro Arm 50 Maschen. 14 cm werden glatt rechts gestrickt, danach werden 6 Reihen kraus rechts gestrickt. Die Maschen werden abgekettet und die Fadenenden vernäht. Die fertige Jacke wird unter einem feuchten Tuch geglättet. Knöpfe annähen.

Anleitung Muster:
Glatt rechts: Hinreihe rechte Maschen- Rückreihe linke Maschen
Kraus rechts: Hin- und Rückreihe rechte Maschen stricken
Knötchenrand: 1. und letzte Masche rechts stricken
Knopflöcher: 3 M stricken, die 4.+5. M abketten, in der Rückreihe diese Maschen wieder neu anschlagen.

Ajourmuster:

15 Maschen Rückenteil

–	–	U	/	I	U	/	I	\	U	I	\	U	–	–
–	–	I	I	U	/	I	I	I	\	U	I	I	–	–
–	–	I	U	/	I	I	I	I	I	\	U	I	–	–

8 Maschen, rechtes Vorderteil

–	–	U	/	I	U	/	I
–	–	I	I	U	/	I	I
–	–	I	U	/	I	I	I

8 Maschen, linkes Vorderteil

I	\	U	I	\	U	–	–
I	I	\	U	I	I	–	–
I	I	I	\	U	I	–	–

I Rechte Masche

– Linke Masche

U Umschlag

/ 2 M re zus-str

\ 2 M re verschr zus-str

Armband, Anleitung S. 32

Es gibt so viel Schönes zu entdecken

Mädchenkleid „Hanna“ mit langen Ärmeln, Anleitung S. 14
Häkelkragen, Anleitung S. 28
Strickstulpen, Anleitung S. 26

Weiche Maschen für zarte Kinderarme

STRICKSTULPEN „EVI“

Diese feinen Strickstulpen sind ein tolles Accessoire. Sie sind so schnell gestrickt, dass man zu jedem Outfit bald ein passendes Paar stricken möchte.

Material:
- 50 g Wolle Merida, Farbe 37 perlgrau
- Nadelspiel Stärke 3

Anleitung:
54 M anschlagen. • 7 mal den Mustersatz stricken (Runde 1–12) • Danach 6 Runden rechte Maschen stricken. • Abschließend die Maschen abketten und die Fadenenden vernähen.

–	–	–	–	–	–	–	–	–	–	–	–	–	–	–	–	–	–	12.
–	–	–	–	–	–	–	–	–	–	–	–	–	–	–	–	–	–	11.
–	–	–	–	–	–	–	–	–	–	–	–	–	–	–	–	–	–	10.
–	–	–	I	I	I	–	–	–	I	I	I	–	–	–	I	I	I	9.
–	–	–	I	I	I	–	–	–	I	I	I	–	–	–	I	I	I	8.
–	–	–	I	I	I	–	–	–	I	I	I	–	–	–	I	I	I	7.
I	I	I	I	I	I	I	I	I	I	I	I	I	I	I	I	I	I	6.
I	I	I	I	I	I	I	I	I	I	I	I	I	I	I	I	I	I	5.
I	I	I	I	I	I	I	I	I	I	I	I	I	I	I	I	I	I	4.
I	I	I	–	–	–	I	I	I	–	–	–	I	I	I	–	–	–	3.
I	I	I	–	–	–	I	I	I	–	–	–	I	I	I	–	–	–	2.
I	I	I	–	–	–	I	I	I	–	–	–	I	I	I	–	–	–	1.

6 M Rapport

I Rechte Masche

– Linke Masche

HÄKELKRAGEN „LIV"

Die Kragen sind ca. 45 cm lang und 5 cm breit und werden entweder zum Knöpfen oder zum Binden gearbeitet. Sie können locker und leicht über diverse Kleider und Blusen getragen werden.

Material:
- 50 g Wolle Merida, nach Belieben auch in 2 Farben
- Häkelnadel 3, 4
- 1 Knopf ***oder*** Bindebänder (gehäkelt)

Anleitung:
Der Kragen wird nach Häkelschrift mit Häkelnadel 3 gehäkelt:
Anfang - 3–4 x der Rapport (je nach Länge) - Ende

Wenn zweifarbig gearbeitet wird, auf den Farbwechsel achten. Wird der Kragen mit Knopf gearbeitet, wird an eine Seite eine Knopflochschlaufe aus der letzten Bogenreihe gehäkelt.

Wird mit Bindebändern gearbeitet, werden am Anfang und am Ende der 1. Reihe jeweils eine 21 bzw. 24 cm lange Luftmaschenkette gehäkelt. Dafür wird eine Häkelnadel mit der Stärke 4 verwendet und mit doppeltem Faden gehäkelt. Die Fadenenden werden vernäht. Der Kragen wird unter einem nassen Tuch in Form gespannt.

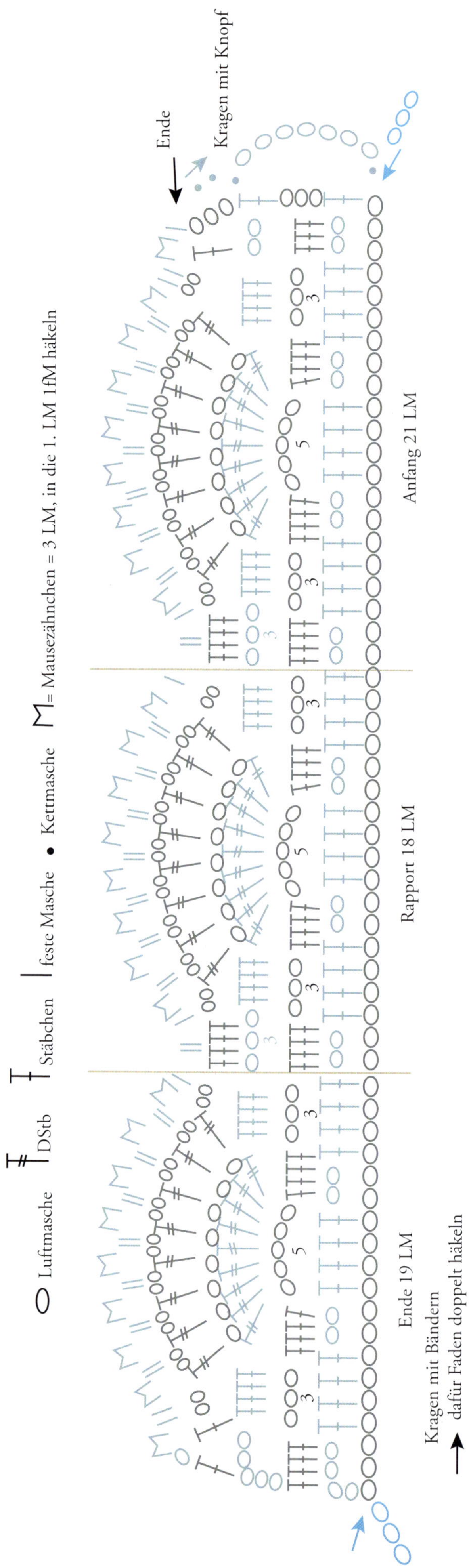

Der Häkelkragen ist ein feiner Klassiker, der als romantisches Detail einfach nie aus der Mode kommt. Die Farben passend zum Outfit wählen.

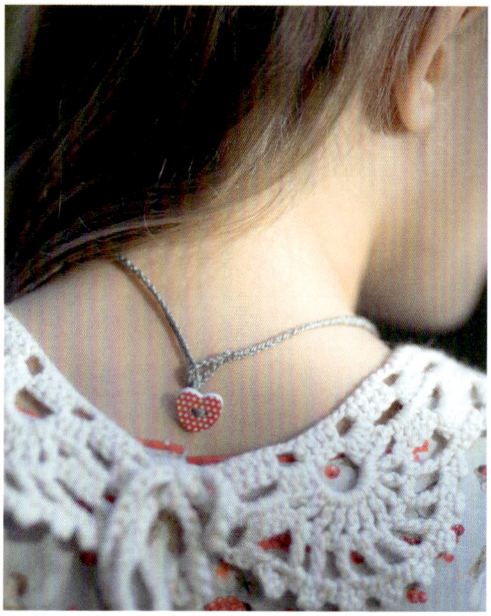

LIEBLINGSKETTEN

Ganz individuelle Schmuckstücke lassen sich mit dieser einfachen Anleitung im Handumdrehen fertigen. So kommen kleine Stoffreste ganz groß raus!

Textile Schmuckanhänger

Material:
- Motivstoff
- 2 verschiedenfarbige Wollstoffe
- feine Baumwollschnur fur Schlaufe
- Perlgarn
- 1 Knopf
- Hakelnadel Nr. 2

oder alternativ eine Kordel für das Halsband

Anleitung:
Aus dem Motivstoff wird ein Kreis oder ein Oval ausgeschnitten (ca. 5-7 cm). Hier macht es besonders viel Freude aus den filigranen Details der einzelnen Stoffe auszuwählen. Aus dem 1. Wollstoff wird eine ca. 2 mm größere Form ausgeschnitten. Ebenso wird aus dem 2. Wollstoff wieder eine ca. 2 mm größere Form ausgeschnitten. Die drei Stoffe werden gestuft übereinandergelegt, dazwischen wird die zur Schlaufe gelegte Kordel fixiert. Alle drei Lagen werden mit Stecknadeln fixiert. Nun werden die drei Stoffe in mehreren Runden zusammengenäht. Für die Kette wird eine ca. 55 cm lange Luftmaschenkette mit Schlaufe am Ende gearbeitet. An das andere Ende wird ein Zierknopf angenäht.

Häkelkette
Mit der Häkelnadel Nr. 2 werden 12 Luftmaschen zu einem Ring gehäkelt, indem man wieder in die 1. Luftmasche einsticht und mit einer Kettmasche schließt. Nun wird die Luftmaschenkette in gewünschter Länge gehäkelt (38–55 cm). Mit dem Endfaden wir dann der Knopf angenäht.

LIEBLINGSSCHMUCK

Diese feinen Haarbänder und Spangen mit Webbändern tragen alle Mädchen gerne.

Material für Arm- und Haarband:
- ca. 0,25 m elastisches Samtband (Armumfang messen)
- ca. 0,50 m elastisches Samtband (Kopfumfang messen)
- Webband, Knöpfe, Perlgarn zum Verzieren
- Textilkleber

Anleitung:
Das elastishe Samtband dem Arm- bzw. Kopfumfang mit Nahtzugabe anpassen. Band links auf links zusammennähen. Die Naht auseinanderfalten und ggf. mit Textilkleber fixieren. Motive aus Webband nach Belieben plus Nahtzugabe zurechtschneiden und die Enden einschlagen. Das Band nun auf die Naht des Samtbandes platzieren und mit wenig Textilkleber fixieren, damit er nicht durchsickert. Mit feinen Stichen wird das Webband nun am Rand auf das Samtband genäht. Die Bänder können nun mit einem oder mehreren Zierknöpfen veredelt werden. Es ist hübsch die Knöpfe mit buntem Perlgarn in passender Farbe auf dem Samtband anzunähen und mit einem Zierknoten auf der Knopfoberseite zu befestigen. Wer es verspielt mag, kann die Bänder noch mit kleinen Knötchenstichen ergänzen.

Material für 1 Haarklemme:
- 11 cm Webband
- 11 cm Tacky Tape (doppelseitiges Klebeband 6–8mm breit)
- 1 Haarklammer

Anleitung:
Das Webband vorsichtig über einer kleinen Flamme an den Enden versäubern. Doppelseitiges Klebeband auf den oberen Teil der Klemme, von innen über aussen, nach hinten kleben. Die Schutzfolie abziehen. Nun das Webband gerade auf das Klebeband kleben.

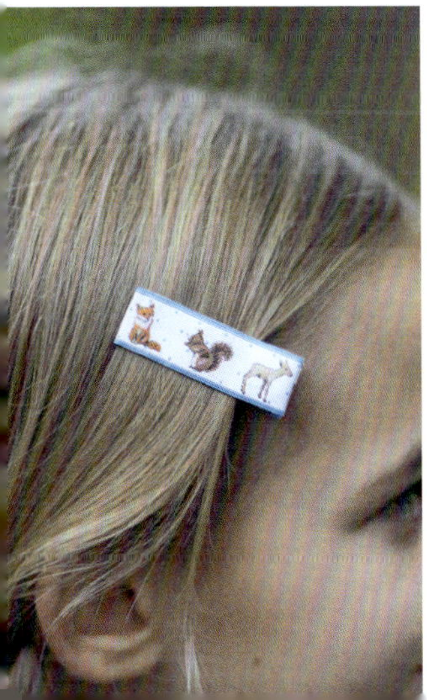

Mein allerliebstes Federvieh ...

Haarband, Anleitung S. 32

Ganz schön lässig, so eine Latzhose auch mal für Mädchen! Eine hübsche Alternative zum Sommerkleidchen.

Latzhose „Thea", Anleitung S. 36

LATZHOSE „THEA", AUCH FÜR JUNGS

Diese Latzhose ist genäht mit sehr weiten Hosenbeinen, die gern gekrempelt werden möchten, und großen Taschen für viele Schätze. Wenn die Hose lang genug gearbeitet ist, kann sie durchaus mitwachsen und verliert ihren Charme auch nicht mit vielen Flicken.

Latzhose zum Mitwachsen
116 / 122 / 128 / 134 / 140
fertige Länge Gr. 116 ca. 0,95 m
Schnittmuster auf Bogen Nr. 1

Stoffempfehlung: Baumwolle, Leinen

Auflageplan: Unser Auflageplan gilt für eine Verarbeitung mit einer Stoffsorte. Der Stoff wird doppelt gelegt.

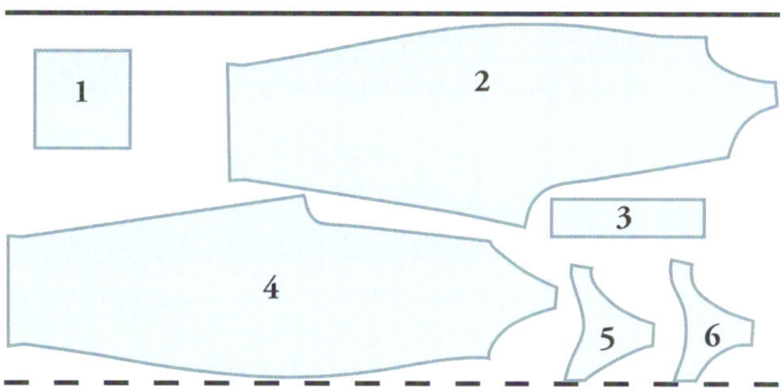

Bruch

Materialverbrauch bei einer Stoffsorte (1,40 m breit):
116 = 1,35 m / 122–128 = 1,45 m / 134–140 = 1,55 m

Weitere Materialien:
- 25 cm Einlage (Vlieseline)
- 2 Knöpfe

Anleitung für 1 Stoffsorte:
Alle Schnittteile sind inklusive 1 cm Nahtzugabe. Die Anleitungsnummern in der Anleitung entsprechen den Anleitungsnummern auf dem Schnittmuster. Alle Teile laut Auflageplan zuschneiden.

Δ 1 Die vordere Mitte schließen.
Δ 2 Die hintere Mitte schließen.
Δ 3 Die Belege mit Einlage bebügeln, vordere und hintere Mitte schließen und die untere Kante versäubern.
Δ 4 Den vorderen Beleg rechts auf rechts an das Vorderteil nähen.
Δ 5 Die Träger mit Einlage bebügeln, an der Umbruchlinie rechts auf rechts legen und zusammen nähen, dabei eine Schmalseite auflassen und die Träger wenden.
Δ 6 Den hinteren Beleg rechts auf rechts an das Rückenteil nähen, dabei die Träger mitfassen.
Δ 7 Die Seitennähte schließen, die Belege nach innen bügeln und an der oberen Kante feststeppen.
Δ 8 Den Taschensaum erst 1 cm dann 2 cm umbügeln, die Nahtzugaben 1cm umbügeln, versäubern und den Saum festnähen.
Δ 9 Die Taschen aufnähen.
Δ 10 Die innere Beinnaht nähen.
Δ 11 Die Säume erst 1 cm dann 2 cm umbügeln und festnähen.
Δ 12 Die Knopflöcher arbeiten und die Knöpfe annähen. Die Knöpfe können je nach Größe des Kindes versetzt werden.

Latzhose „Thea" mit Stoff Landleben rosa
Diese Latzhose ist aus dem Baumwollstoff Landleben Rosa genäht worden. Abweichend vom Auflageplan haben wir die Belege (Nr. 5+6) aus dem Baumwollstoff Tupfen altrosa-weiß gearbeitet. Die Hosenbeine haben wir von der Saumkante gemessen 25 cm ebenfalls mit Baumwollstoff Tupfen altrosa-weiß belegt. Dazu den Hosenschnitt nur bis zur Saumkante plus 1cm Nahtzugabe zuschneiden und die unteren 25 cm nochmals in Tupfen zuschneiden. Die Seitennähte des Tupfen ebenfalls schließen und dann die Hosenbeine und Beinbelege an der Saumkante zusammennähen. Den Tupfen nach innen bügeln und die obere Kante feststeppen. Rückwärtig haben wir die Taschen aus dem Tupfenstoff aufgesetzt. Auf der Vorderseite sind spitz zulaufende Fantasietaschen aufgesetzt und mit in die Seitennaht gefasst. Ein weißer Wäscheknopf und ein roter Zierknopf zieren die Vorderseite der Latzhose.

Latzhose „Thea" mit Leinenstoff natur
Abweichend vom Auflageplan haben wir die Belege (Nr. 5+6) aus dem Baumwollstoff Tupfen taupe-weiß gearbeitet. Die Hosenbeine haben wir von der Saumkante gemessen 25 cm ebenfalls mit Baumwollstoff Tupfen taupe-weiß belegt. Dazu den Hosenschnitt nur bis zur Saumkante plus 1cm Nahtzugabe zuschneiden und die unteren 25 cm nochmals in Tupfen zuschneiden. Die Seitennähte des Tupfen ebenfalls schließen und dann die Hosenbeine und Beinbelege an der Saumkante zusammennähen. Den Tupfen nach innen bügeln und die obere Kante feststeppen. Rückwärtig haben wir mittig das Webetikett Rotkehlchen aufgenäht. Ein naturfarbener Wäscheknopf und ein roter Herzknopf zieren die Vorderseite der Latzhose.

Noch ein Tipp:
Da diese Hose sehr weit ist, empfiehlt es sich bei sehr zierlichen Kindern, die Weite gegebenenfalls in der Mittelnaht, oben, etwas weg zu nehmen. Dadurch verhindert man auch das Rutschen der Träger. Hose anprobieren und bei Beleg und Hosenteil gleich verfahren.

Lieblingsmütze für kleine Entdecker

Latzhose „Thea", Anleitung S. 36
Stehkragenhemd „Tom" Kurzarm, Anleitung S. 42

SCHIRMMÜTZE „MATTI"

Diese Schirmmütze ist griffig und weich verarbeitet und somit bequem zu tragen. Der Clou daran: die Schirmmütze kann man wenden!

Größe Kopfumfang: 54 cm
Schablone 1+2 Seite 87

Material:

- 0,20 m Baumwollstoff Tupfen weiß-grün (Innenstoff)
- 0,20 m Baumwollstoff Blättchen grau (Außenstoff)
- 0,25 m Baumwollstoff Tierkinder
- 0,20 m Vliesclinc
- 0,15 m Decovil light
- 1 beziehbarer Knopf Durchmesser 29 mm
- Webband Waldtiere für Fähnchen

Anleitung:

6-mal die Mützenschablone Nr. 1 aus dem mit Vlieseline verstärkten Außenstoff ausschneiden. 6-mal die Mützenschablone Nr. 1 aus dem Innenstoff ausschneiden. Jeweils die 6 Teile an den Längsseiten zu einem Mützchen zusammennähen. Beim Innenmützchen wird eine Wendeöffnung gelassen. An der Spitze der 6 zusammentreffenden Teile auf den Nähstopp vor der gegenüberliegenden Nahtzugabe achten. An der Außenmütze kann ein gefaltetes Webband mit eingefasst werden. • Die Schablone Nr. 2 für den Schirm aus den Stoffen Tupfen und Tierkinder zuschneiden, rechts auf rechts legen und die Außennaht schließen. Die Nahtzugabe wird rundherum eingeschnitten und der Mützenschirm wird gewendet. Aus Decovil light einen um die Nahtzugabe reduzierten Mützenschirm ausschneiden und in den Schirm einlegen. • Beide Mützenteile rechts auf rechts zusammenlegen und den Schirm seitlich nahtgleich mit der Mütze platzieren. • Nun die Mützenteile rundum zusammennähen. Mütze wenden und Wendeöffnung per Hand schließen. Den hinteren Teil der Mütze von Schirmanfang bis Schirmende schmal absteppen. Der Schirm wird 2-mal füßchenbreit an der Außenkante abgesteppt. • Abschließend den Knopf mit einem Tiermotiv beziehen und mittig auf die Mütze annähen.

Meine allerliebsten Waldtiere

Stehkragenhemd „Tom“ Kurzarm, Anleitung S. 42

STEHKRAGENHEMD „TOM“

Tom ist ein locker geschnittenes Hemd mit einem Schlitz im vorderen Ausschnitt, kurzen oder langen Ärmeln und einem Stehkragen.

Stehkragenhemd
116 / 122 / 128 / 134 / 140
fertige Länge Gr. 116 ca. 0,43 m
Schnittmuster auf Bogen Nr. 4

Stoffempfehlung: Baumwolle, Leinen

Auflageplan: Unser Auflageplan gilt für eine Verarbeitung mit einer Stoffsorte. Der Stoff wird doppelt gelegt.

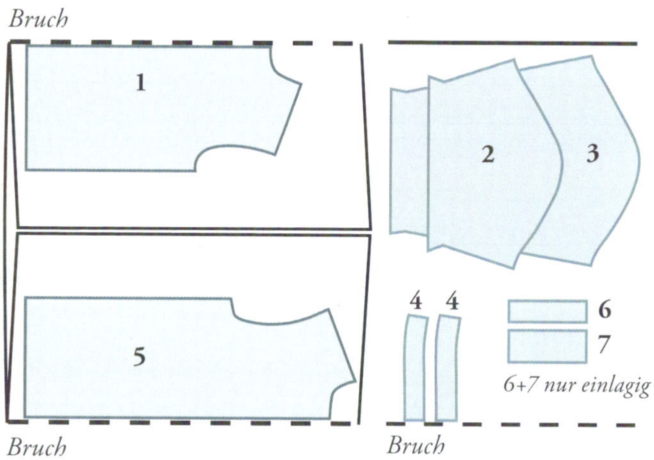

Materialverbrauch bei einer Stoffsorte (1,40 m breit):

Tom Hemd mit kurzem Ärmel
116–122 = 0,70 m / 128–134 = 0,75 m / 140 = 0,80 m

Tom Hemd mit langem Ärmel
116–122 = 0,90 m / 128–134 = 0,95 m / 140 = 1,10 m

Weitere Materialien:
- 5 cm Hutgummi je Knopf
- 10 cm Einlage (Vlieseline)
- 3–5 Knöpfe

Anleitung für 1 Stoffsorte:
Alle Schnittteile sind inklusive 1 cm Nahtzugabe. Die Anleitungsnummern in der Anleitung entsprechen den Anleitungsnummern auf dem Schnittmuster. Alle Teile laut Auflageplan zuschneiden.

Δ 1 Für den Schlitz die vordere Mitte bis zur Markierung im Schnittmuster einschneiden, den letzten Zentimeter schräg schneiden, sodass ein Dreieck entsteht (siehe Zeichnung am Schnittteil Nr. 1).
Δ 2 Einlage auf die Belege bügeln. Den schmalen Beleg an die rechte und den breiteren Beleg an die linke Schlitzseite, rechts auf rechts annähen. Die Belege sollen unterhalb des Schlitzes 1 cm überstehen. Auf der rechten Seite die Gummiösen mitfassen. Den Beleg auf der rechten Seite nach Innen bügeln. Die Steppnähte stellen gleichzeitig die Mitte dar. Die linke Seite 1 cm von der Nah entfernt umbügeln. Von dieser Bügelkante aus den Stoff auf die rechte Seite legen und 1 cm von oben und 1 cm zur Mitte abnähen. Einschneiden, umwenden und bügeln (Skizze 1). Das ergibt den Untertritt. Unter dem entstandenen Schlitz entsteht eine kleine Falte, diese wird jetzt mit dem Dreieck, welches sich beim Einschneiden am Anfang ergab, zusammengenäht.
Δ 3 Die Schlitzbelege versäubern.
Δ 4 Die Schulternähte schließen.
Δ 5 Den Stehkragen einseitig mit Einlage bebügeln, rechts auf rechts legen und verstürzen, dabei die untere Kante offen lassen. Den Kragen wenden
Δ 6 Die bebügelte Seite des Kragens an den Ausschnitt nähen, die offene Kante 1cm einschlagen und mit Handstichen annähen.
Δ 7 Die Ärmel an die Armausschnitte nähen (siehe Grundanleitung).
Δ 8 Die Ärmelsäume und die vorderen Säume erst 1cm dann 2cm umbügeln, den hinteren Saum erst 1cm dann 5cm umbügeln.
Δ 9 Die Ärmel- und Seitennähte schließen , dabei beim langen Ärmel das Hutgummi mitfassen untere Seitennaht siehe Zeichnung unten.
Δ 10 Die Säume festnähen.
Δ 11 Die Knopflöcher arbeiten und die Knöpfe annähen.

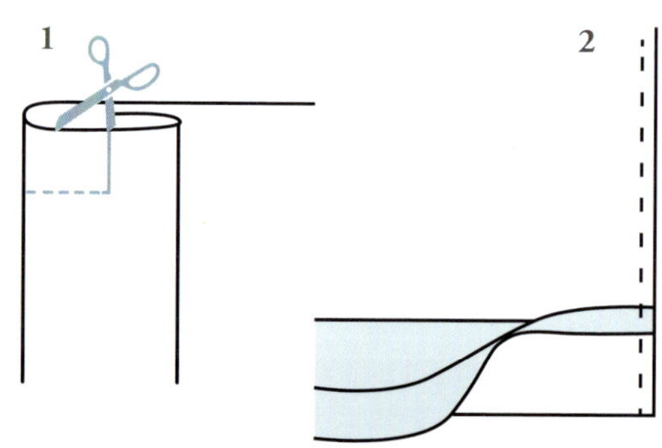

Tom langarm mit Stoff Landleben (S. 44)
Abweichend vom Auflageplan haben wir hier die Kragen, Belege und Blenden am Saum (Nr. 4, 6, 7) mit dem Baumwollstoff Tupfen blaugrau genäht. Für den Saumbeleg wird ein Streifen in der angegebenen Saumbreite plus 1 cm zugeschnitten. Das Rückenteil (Nr. 5) wird hierzu nur 1 cm länger als der angegebene Saum zugeschnitten. Die restlichen Schnittteile entsprechen dem Auflageplan und wurden mit dem Baumwollstoff Landleben blau genäht. Wir haben eine Knopflochleiste mit drei Knöpfen genäht. Hier ist die Knopflochleiste nach Außen gearbeitet. Dazu den Beleg aus dem Tupfen Blaugrau in 5 cm Breite und 2 cm länger als der Originalbeleg zuschneiden. Einlage aufbügeln. Den Schlitz nun auf die rechte Stoffseite des Beleges bügeln. 1 cm von oben bis zur Naht abnähen und einschneiden (Skizze 2). Nach rechts umwenden und die offene Kante umschlagen, bügeln und schmal absteppen. Zum Schluss die untere Kante auf der rechten Seite des Beleges 1 cm umschlagen und alle Stofflagen (auch Beleg links) über Kreuz nochmal absteppen (Fotos S. 44). Zur Ermittlung des Materialverbrauchs jeweils die höchste Stelle des Schnittteils messen. Zur Zierde haben wir hinten aus dem Tupfenstoff noch eine Schrägbandschlaufe in die rückwärtige Kragennaht genäht (Foto S. 47).

Tom kurzarm mit Stoff Tierkinder (S. 40)
Abweichend vom Auflageplan haben wir hier die Krageninnenseite, den Schlitz mit Untertritt und den hinten verlängerten Saum mit dem Baumwollstoff Blättchen grau belegt. Die restlichen Schnittteile entsprechen dem Auflageplan und wurden mit dem Baumwollstoff Tierkinder genäht. Wir haben einen Schlitz mit Untertritt und Gummischlaufen mit fünf Knöpfen genäht. Zur Ermittlung des Materialverbrauchs jeweils die höchste Stelle des Schnittteils messen. Zur Zierde haben wir hinten in die Kragennaht eine Gummischlaufe gefasst.

Tom langarm mit Leinenstoff natur (S. 84)
Das Hemd Eichhörnchen entspricht genau der Anleitung und dem Auflageplan bei Verwendung einer Stoffsorte. Wir haben es mit naturfarbenem Leinen genäht. Die Knopfleiste ist als Schlitz mit Untertritt gearbeitet. Als liebevolle Besonderheit haben wir das Hemd mit der Stickdatei „Eichhörnchen“ bestickt.

Mit Schwung und Spaß

Das Stehkragenhemd und die lockere Pumphose sind eine tolle Kombination. Die weiten Schnitte bieten viel Bewegungsfreiheit.

Stehkragenhemd „Tom", Langarm, Anleitung S. 42
Hose „Anton" Modell B, Anleitung S. 46

HOSE „ANTON", AUCH FÜR MÄDELS

Diese Wohlfühlhose ist ein weiter geschnittenes Modell, wahlweise in drei verschiedenen Längen, mit einem schönen breiten Bund für ein Zugband zum Verschließen der Hose

Wohlfühlhose
Gr. 116 / 122 / 128 / 134 / 140
fertige Länge Modell A Gr. 116 ca. 0,32 m
fertige Länge Modell B Gr. 116 ca. 0,63 m
fertige Länge Modell C Gr. 116 ca. 0,68 m
Schnittmuster auf Bogen Nr. 4

Stoffempfehlung: Baumwolle, Leinen

Auflageplan: Unser Auflageplan gilt für eine Verarbeitung mit einer Stoffsorte. Der Stoff wird doppelt gelegt.

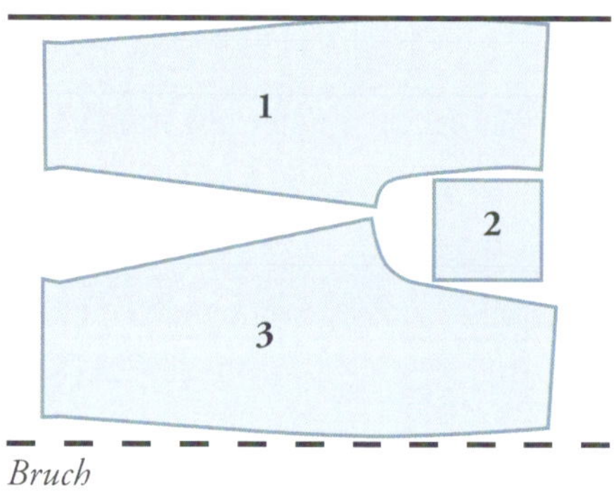

Materialverbrauch bei einer Stoffsorte (1,40 m breit):

Modell A, kurz
116–122 = 0,50 m / 128–134 = 0,55 m / 140 = 0,60 m

Modell B, 3/4 Hose
116–122 = 0,80 m / 128–134 = 0,85 m / 140 = 0,90 m

Modell C, lang
116–122 = 0,85 m / 128–134 = 0,90 m / 140 = 0,95 m

Weitere Materialien:
- 1,00 m Flachkordel 1 cm breit
- 0,50 m Gummi 1 cm breit
- 2 Stücke Einlage 2 x 3 cm

Anleitung für 1 Stoffsorte:
Alle Schnittteile sind inklusive 1 cm Nahtzugabe. Die Anleitungsnummern in der Anleitung entsprechen den Anleitungsnummern auf dem Schnittmuster. Alle Teile laut Auflageplan zuschneiden.

Δ 1 Die hintere Mitte schließen.
Δ 2 Die vordere Mitte schließen.
Δ 2a Einlage unter die Knopflochmarkierungen bügeln, die Knopflöcher nähen.
Δ 3 Die Seitennähte schließen.
Δ 4 Die Taschensäume erst 1 cm dann 2 cm umbügeln, die Nahtzugaben 1 cm umbügeln, versäubern und die Säume nähen.
Δ 5 Die Taschen aufnähen.
Δ 6 Die innere Beinnaht nähen.
Δ 7 Die Beinsäume erst 1 cm dann 2 cm umbügeln und nähen.
Δ 8 Den Tunnel erst 1 cm dann 2 cm umbügeln, an der Kante feststeppen, dann die obere Kante absteppen.
Δ 9 Die Flachkordel halbieren und links und rechts an das Gummi nähen. Das nun fertige Zugband in den Tunnel einziehen. Nach vorne zur Schleife binden.

Modell A, kurz
Wir haben dieses Modell einmal aus mintfarbenem Leinen und einmal aus dem Baumwollstoff Tupfen pink-weiß genäht. Feine Webetiketten setzen liebevolle Akzente.

Modell B, 3/4
Wir haben dieses Modell aus grauem Leinen genäht. Die Taschenposition haben wir hier mehr seitlich gewählt. Ein Zier- und Herzknopf mit einer Gummiöse geknöpft, halten die Taschen zusammen. Für die 3/4 Hose wird der Hosenschnitt für die lange Hose übertragen und ausgeschnitten. Dann wird an der markierten Stelle die Falte ins Papier legen, um die Hose zu kürzen. Dann die Punkte Δ 1 – Δ 6 arbeiten. Die Beinsäume erst 3 cm umbügeln und versäubern. Dann von unten und oben je ca. 1,2 cm absteppen. Dabei oben in der Seitennaht eine kleine Öffnung für das Gummi lassen. Zum Schluss ein Gummiband in gewünschter Länge in jeden Beinsaum einziehen.

Modell C, lang
Wir haben dieses Modell aus dunkelblauem Leinen genäht. Für den Zuschnitt Modell C ausschneiden, dann die Punkte Δ 1 – Δ 9 arbeiten.

Diese Hosen bieten viel Bewegungsfreiheit beim Spielen und Entdecken.

Hose „Anton“ Modell A
Sommerbluse „Linnea“, Anleitung S. 51

Hose „Anton“ Modell B

Hose „Anton“ Modell C

Lasst Blumen sprechen

Sommerbluse „Linnea“, Anleitung S. 51

Mit dieser hübschen Sommerbluse kann man fein ausgehen und bekommt sogar manchmal ein Röschen geschenkt.

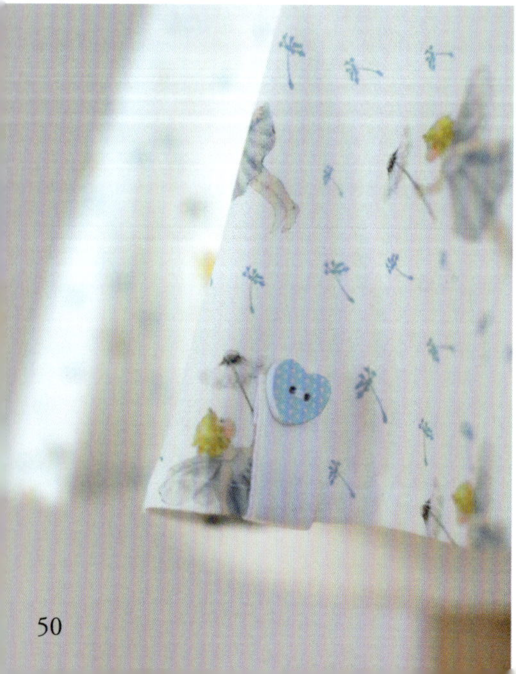

SOMMERBLUSE „LINNEA"

Diese Sommerbluse ist locker und kurz geschnitten. Sie kann kurzärmelig oder ärmellos mit einem breiten Volant / Rüsche in der Taille gearbeitet werden. Die Länge der Bluse kann durch die Volantbreite variieren.

Süße Sommerbluse
Gr. 116 / 122 / 128 / 134 / 140
fertige Länge Gr. 116 ca. 0,35 m
Schnittmuster auf Bogen Nr. 2

Stoffempfehlung: Baumwolle, Leinen

Auflageplan: Unser Auflageplan gilt für eine Verarbeitung mit einer Stoffsorte. Der Stoff wird doppelt gelegt.

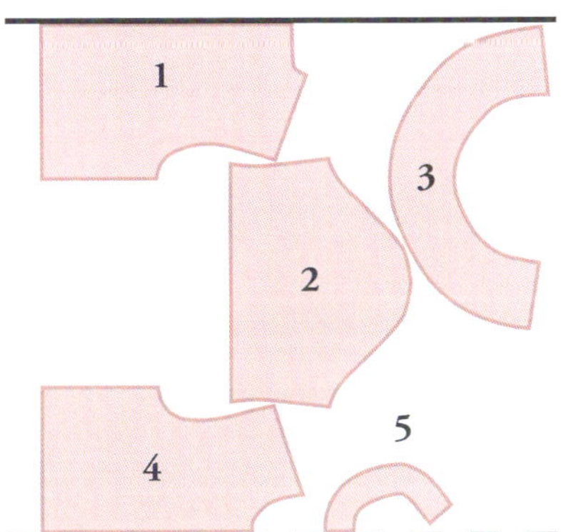

Bruch

Materialverbrauch bei einer Stoffsorte (1,40 m breit):
116 = 0,65 m / 122–128 = 0,70 m / 134–140 = 0,75 m

Weitere Materialien:
- 0,10 m Einlage (Vlieseline)
- 0,10 m Hutgummi, 1 Knopf

oder
- 1,20 m Satinschleifenband

Anleitung für 1 Stoffsorte:
Alle Schnittteile sind inklusive 1 cm Nahtzugabe. Die Anleitungsnummern in der Anleitung entsprechen den Anleitungsnummern auf dem Schnittmuster. Alle Teile laut Auflageplan zuschneiden.

Δ 1 Die Kanten der hinteren Mitte einzeln versäubern, dann bis zur Markierung schließen.
Δ 2 Die Schulternähte schließen.
Δ 3 Den Beleg mit Einlage bebügeln, die untere Kante versäubern
Δ 4 Den Beleg rechts auf rechts an den Halsausschnitt stecken und annähen, das Schleifenband (oder die Gummischlaufe) mitfassen, nach innen wenden und festnähen.
Δ 5 Die Ärmel an Vorder- und Rückenteil nähen.
Δ 6 Die Ärmel- und Seitennähte schließen.
Δ 7 Die Ärmelsäume nähen.
Δ 8 Die Seitennähte der Volantteile schließen.
Δ 9 Den Saum nähen.
Δ 10 Den Volant rechts auf rechts an die Bluse stecken und annähen. Dabei liegen die Seitennähte aufeinander.
Δ 11 Ggf. Knopf annähen (wenn kein Schleifenband).

Linnea ärmellos mit Stoff Landleben rosa
Abweichend vom Auflageplan haben wir Vorder- und Rückenteil (Nr. 1+4) der Bluse aus dem Baumwollstoff Landleben rosa genäht. Volant und Belege (Nr. 5+3) sind mit dem Baumwollstof Tupfen altrosa-weiß genäht . Die Armausschnitte sind mit Schrägstreifen aus dem Tupfenstoff eingefasst (siehe Grundanleitung). Anstelle von Knopf und Gummi werden beidseitig 0,60 m rosa Satinbänder in die rückwärtigen Belegnähte eingefasst.

Linnea kurzarm mit Stoff Pusteblumenelfe
Diese Sommerbluse ist komplett aus dem Baumwollstoff Pusteblumenelfe genäht. Der Volant ist an der unteren Saumkante auf ca. 18 cm verlängert worden. Anstelle von Knopf und Gummi werden beidseitig 0,60 m weiße Satinbänder in die rückwärtigen Belegnähte eingefasst.

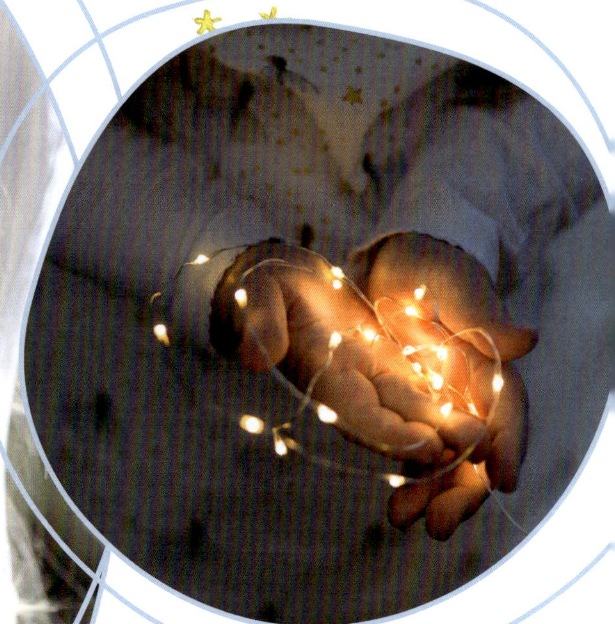

Das kleine Hemdchen ist ganz schön praktisch. So kann man an kühleren Sommertagen einfach ein Shirt und eine Leggins unterziehen.

Weißt du wieviel Sternlein stehen?

In den Wolken schaukeln

Hemdchen „Klara“, Anleitung S. 58

Einfach zum Träumen!
Das zauberhafte Motiv auf dem Stoff lässt nicht nur Kinderherzen höher schlagen. Auf Kleidchen, Nachthemd oder Kuschelkissen regt es die Fantasie an.

Woll'n wir in den Wolken schaukeln –
Federn fangen, hüpfen, gaukeln?

Woll'n wir kleine Schlösser bauen
in den wilden blauen Auen?

Segeln wir mit Himmels-Schiffen
zu den Zuckerwatte-Riffen!

Reiten wir auf Wolkenpferden,
und lasst uns Entdecker werden!

Daniela Drescher

Paspelkissen , Anleitung S. 10

HEMDCHEN „KLARA"

Das Einsteigerhemdchen ist ein einfaches Modell mit Durchzugsbändern und zwei Längen. Es eignet sich als Sommerhemdchen, Kleidchen oder Nachthemd.

Hemd / Kleid mit Bänderträgern
Gr. 116 / 122 / 128 / 134 / 140
fertige Länge Hemd Gr. 116 ca. 0,36 m
fertige Länge Kleid Gr. 116 ca. 0,55 m
Schnittmuster auf Bogen Nr. 3

Stoffempfehlung: Baumwolle, Leinen

Auflageplan: Unser Auflageplan gilt für eine Verarbeitung mit einer Stoffsorte. Hier wird der Stoff von beiden Seiten so zur Mitte gefaltet, dass 2x ein Stoffbruch entsteht und so keine hintere Naht entsteht.

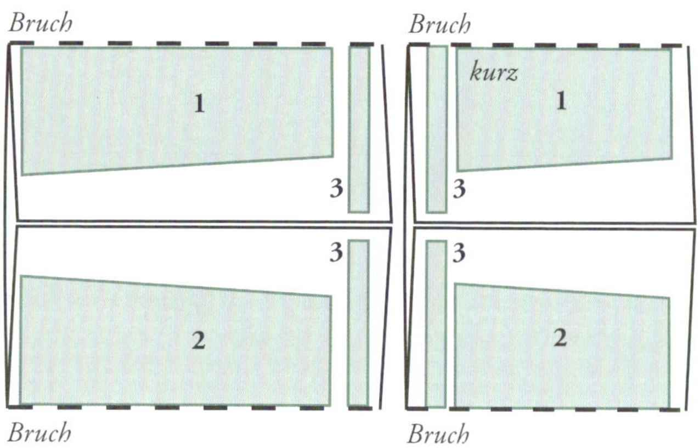

Materialverbrauch bei einer Stoffsorte (1,40 m breit):

Hemdchen
116–128 = 0,45 m / 134–140 = 0,50 m

Kleidchen
116 = 0,65 m / 122–128 = 0,70 m / 134–140 = 0,75 m

Anleitung:
Alle Schnittteile sind inklusive 1 cm Nahtzugabe. Die Anleitungsnummern in der Anleitung entsprechen den Anleitungsnummern auf dem Schnittmuster. Alle Teile laut Auflageplan zuschneiden.

Δ 1 Die Seitennähte bis zur Markierung Nahtende schließen. Die Nahtzugaben erst 1 cm dann nochmal 1 cm umbügeln und an den Kanten festnähen.
Δ 2 Den unteren Saum erst 1 cm dann 2 cm umbügeln und festnähen.
Δ 3 Den oberen Saum erst 1 cm dann 2 cm umbügeln und festnähen, so dass an den Enden des oberen Saumes jeweils eine Öffnung für die Durchzugsbänder (Tunnel) bleibt.
Δ 4 Die Durchzugsbänder beidseitig je 1 cm zur Mitte umbügeln, dann aufeinander legen und steppen.
Δ 5 Je ein Band in den Tunnel des Vorder- und Rückenteils einziehen.

Klara lang mit Stoff Wolkenkinder
Abweichend vom Auflageplan haben wir hier die Bänder (Nr. 3 in den Bruch gelegt) zum Durchziehen aus dem Baumwollstoff Tupfen graublau- weiß genäht. Die restlichen Schnittteile entsprechen dem Auflageplan und wurden mit dem Baumwollstoff Wolkenkinder genäht. Der untere Saum ist mit einem Schrägstreifen aus dem Stoff Tupfen blaugrau belegt (siehe Grundanleitungen). Als hübsches Detail haben wir das Webband Wolkenkinder mit einem Wäscheknopf am unteren Saum angenäht.

Klara lang mit Stoff Sterntaler
Abweichend vom Auflageplan haben wir hier die Bänder (Nr. 3 in den Bruch gelegt) zum Durchziehen aus dem Baumwollstoff Tupfen weiß-gelb genäht. Die restlichen Schnittteile entsprechen dem Auflageplan und wurden mit dem Baumwollstoff Sterntaler genäht. Der untere Saum ist mit einem Schrägstreifen aus dem Stoff Tupfen weiß-gelb belegt (siehe Grundanleitungen). Als hübsches Detail haben wir das Webetikett Für Königskinder auf die rechte untere Seite des Kleidchens aufgenäht.

Klara kurz mit Stoff Elfengarten rosa
Abweichend vom Auflageplan haben wir hier die Bänder (Nr. 3 in den Bruch gelegt) zum Durchziehen aus dem Baumwollstoff Tupfen weiß-pink genäht. Die restlichen Schnittteile entsprechen dem Auflageplan und wurden mit dem Baumwollstoff Sterntaler genäht. Als hübsches Detail kann man einen Zierknopf auf ein Baumwollband an den Saum des Kleidchens annähen.

Klara kurz mit Stoff Blütenelfen
Abweichend vom Auflageplan haben wir hier die Bänder (Nr. 3 in den Bruch gelegt) zum Durchziehen aus dem Baumwollstoff Tupfen weiß-grün genäht. Die restlichen Schnittteile entsprechen dem Auflageplan und wurden mit dem Baumwollstoff Sterntaler genäht. Als hübsches Detail kann man einen Zierknopf auf ein Baumwollband an den Saum des Kleidchens annähen.

Einfach reinschlüpfen und wohlfühlen

Herrlich luftig und bequem ist dieses Hemdchen an heißen Sommertagen.

Hosen siehe S. 46

Komm, wir wollen Spielen

Eine süße Kombination ist das Hemdchen mit der kurzen Hose. So werden aus kleinen Mädchen fast schon kleine Elfen...

Hemdchen „Klara", Anleitung S. 58
Hose „Anton", Anleitung S. 46
Blumenhütchen, Anleitung S. 62

BLUMENHÜTCHEN „FLORA"

Dieses hübsches Hütchen ist griffig und weich und sehr bequem zu tragen. Ein besonders schönes Detail ist die Häkelblüte an der Spitze.

Größe Kopfumfang: 48 und 52 cm
Schablone 3 + 4 Seite 87

Material Blaues Hütchen:
- 0,45 m Baumwollstoff Elfengarten blau (Außenstoff)
- 0,30 m Baumwollstoff Tupfen weiß-gelb (Innenstoff)
- 0,30 m Vlieseline (G405)
- 3 Töne Perlgarn für Häkelblüte
- Häkelnadel Stärke 2
- 1 Webetikett Für Königskinder

Material Rosa Hütchen:
- 0,45 m Baumwollstoff Elfengarten rosa (Außenstoff)
- 0,30 m Baumwollstoff Tupfen weiß-pink (Innenstoff)
- 0,30 m Vlieseline (G405)
- 3 Töne Perlgarn für Häkelblüte
- Häkelnadel Stärke 2
- 1 Webetikett Mit Liebe gemacht

Anleitung:
6-mal die Schablone Gr. 48 oder 52 aus dem mit Vlieseline verstärkten Außenstoff ausschneiden. 6-mal die Schablone aus dem Innenstoff ausschneiden. Auf ein Außenteil das Webetikett aufnähen. Jeweils die 6 Teile an den Längsseiten zu einem Hütchen zusammennähen. Beim Innenhütchen wird eine Wendeöffnung gelassen. An der Spitze des Hütchens auf den Nähstopp vor der gegenüberliegenden Nahtzugabe achten. Nun die beiden Hütchen rechts auf rechts ineinanderlegen und an den Bogenkanten zusammennähen. Die Nahtzugabe ringsum einschneiden und das Hütchen auf die rechte Seite wenden. An der Bogenkante nun 2-mal füßchenbreit absteppen und anschließend die Wendeöffnung per Hand schließen. Laut Häkelschrift nun die Blüte und zwei Blätter häkeln. Diese auf die Mitte des Hütchens nähen.

Blüte häkeln
Erste Farbe:
1. Reihe: In einen Magic-Ring 10 fM häkeln.
2. Reihe: 5 x 1fM, 2LM in den Ring häkeln.
3. Reihe: In die Bögen der Vorderreihe je 1fM, 1LM, 2Stb, 1 LM, 1fM häkeln.

Zweite Farbe:
4. Reihe: Häkele um die fM der 2. Reihe je 1Stb, 3LM (= 5 x Bögen).
5. Reihe: In die Bögen der Vorreihe je 1fM, 1LM, 4 Stb, 1LM, 1fM häkeln. Vernähe die Fäden.

Blätter häkeln:
5 LM zu einem Ring häkeln.
1. Reihe: arbeite in den Ring 4LM, 5 Stb, 1LM, 5 Stb, 4 LM. Mit einer Kettmasche in die Anfangsluftmasche einstechen und die Reihe beenden.
2. Reihe: Auf die 4 LM der Vorreihe 5 fM häkeln, danach auf die Stäbchen je 1 fM, 2 LM häkeln. In die LM der Blattspitze 1 Stb, 1 Mausezähnchen (= 2 LM häkeln, in die 1. LM eine fM häkeln) 1 Stb häkeln. 2 LM auf die Stäbchen der Vorreihe wieder 1 fM, 2 LM häkeln, mit fM enden. Auf die 4 LM der Vorreihe 5 fM häkeln. Rd mit Kettmaschen schließen. 4 bzw. 8 cm lange Luftmaschenkette für die Blattstiele arbeiten und diese mit KM verstärken. Enden der Kette vernähen und zusammen durch das Blüteninnere ziehen. Danach zum Knoten zusammennähen und abschließend die Blüte auf das Hütchen nähen.

Luftmasche
Stäbchen
feste Masche
Stäbchen um darunterliegende feste Masche
Kettmasche

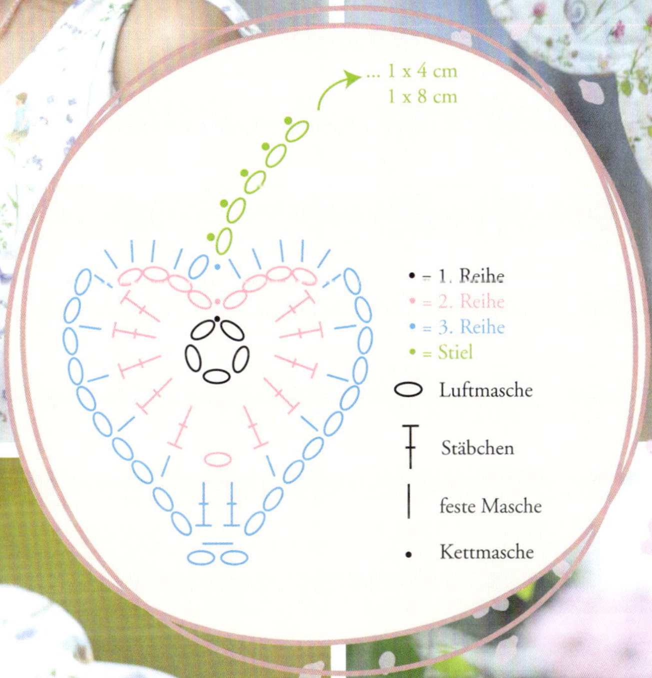
... 1 x 4 cm
1 x 8 cm
• = 1. Reihe
• = 2. Reihe
• = 3. Reihe
• = Stiel
Luftmasche
Stäbchen
feste Masche
Kettmasche

Einmal fein sein wie die Mama

Zipfeltunika „Bea“, Anleitung S. 68

STRICKSTOLA „GRETA“

Diese leichte Strickstola mit schöner Häkelkante wärmt an kühleren Sommertagen.

Größe ca. 160 x 75 cm

Material:
- 150 g Wolle Merida Farbe 37 perlgrau
- 50 g Wolle Merida Farbe 00 wollweiß
- Stricknadel Stärke 6
- Häkelnadel Stärke 4,5

Anleitung:
Die Stola wird von der Schulterlinie aus begonnen zu stricken. 5 Maschen anschlagen. Die nächste Reihe links stricken. Nun mit der Strickmustervorlage beginnen. Pro Hinreihe werden 4 Maschen dazu genommen. • Das Schema weiter bis 293 M auf der Nadel liegen (Hinreihe). • Gestrickt wird nun eine Reihe (Rückreihe) rechte Maschen, ohne Aufnahme. • Eine Reihe rechte Maschen stricken mit Aufnahme (297 M = rechte Seite) • Eine Reihe rechte Maschen stricken ohne Aufnehmen (Rückreihe) Jetzt alle Maschen abketten. • Nun wird die Häkelborte laut Häkelschrift rund um die Stola gehäkelt. Alle Fadenenden vernähen. Die Stola wird nun unter einem feuchten Tuch in Form gespannt.

Strickmuster

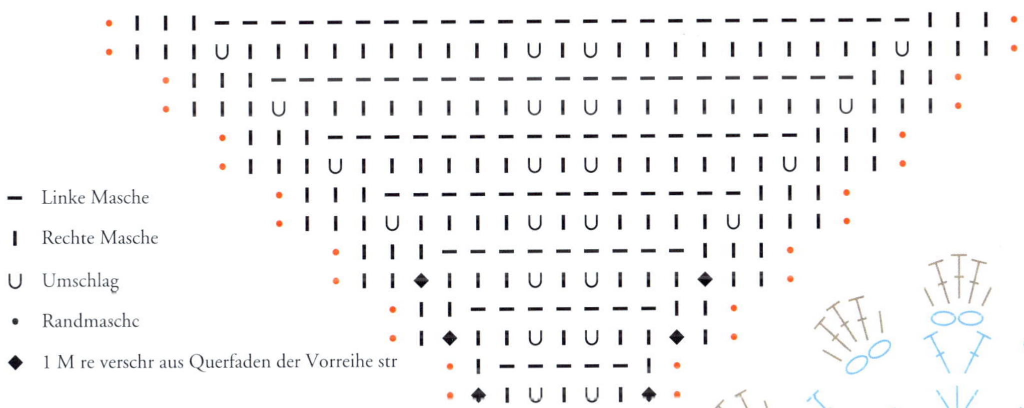

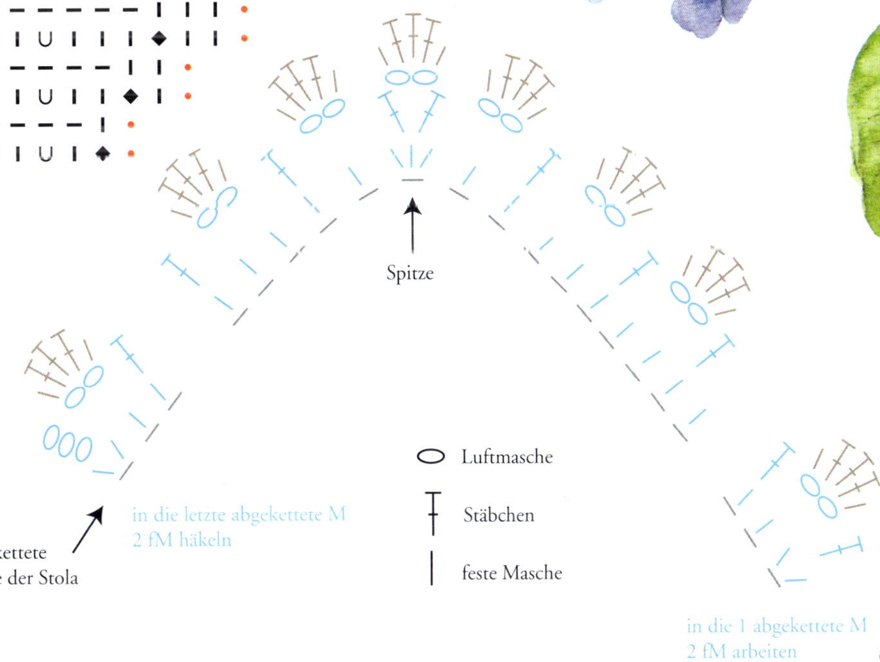

Kommst Du mit ins Elfenland?

Die schöne Zipfeltunika lässt sich durch die verstellbaren Träger wunderbar anpassen. Die kleine Saumkante aus getupftem Stoff ist eine schöne Ergänzung zum Beleg der Zipfel.

Zipfeltunika „Bea", Anleitung S. 68

ZIPFELTUNIKA „BEA"

Diese Zipfeltunika ist ein ausgestelltes Modell mit langen Zipfeln an den Schultern zum Zubinden.

Zipfeltunika
Gr. 116 / 122 / 128 / 134 / 140
fertige Länge Gr. 116 ca. 0,60 m
Herzschablone Nr. 5 Seite 87
Schnittmuster auf Bogen Nr. 3

Stoffempfehlung: Baumwolle, Leinen

Auflageplan: Unser Auflageplan gilt für eine Verarbeitung mit einer Stoffsorte. Der Stoff wird doppelt gelegt.

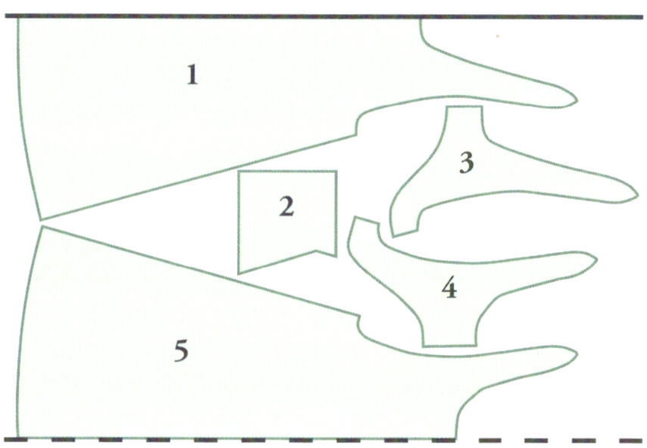

Bruch

Materialverbrauch bei einer Stoffsorte (1,40 m breit):
116 = 0,90 m / 122–128 = 1,00 m / 134–140 = 1,05 m

Weitere Materialien:
• 0,50 m Einlage (Vlieseline)

Anleitung für 1 Stoffsorte
Alle Schnittteile sind inklusive 1 cm Nahtzugabe. Die Anleitungsnummern in der Anleitung entsprechen den Anleitungsnummern auf dem Schnittmuster. Alle Teile laut Auflageplan zuschneiden.

Δ 1 Die hintere Mittelnaht schließen.
Δ 2 Die Taschensäume erst 1 cm dann 2 cm umbügeln, die Nahtzugaben an je einer Längsseite und unten 1 cm umbügeln, dann die Säume festnähen.
Δ 3 Die Taschen auf das Vorderteil nähen, dabei die Naht an der Seitennaht offen lassen.
Δ 4 Die Belege bis zur Schultermarkierung mit Einlage bebügeln.
Δ 5 Die Belege rechts auf rechts auf die Ausschnitte stecken, nähen und an den Ohren die Nahtzugabe bis auf 3 mm kürzen. Die Belege auf rechts wenden.
Δ 6 Die Seitennähte schließen, dabei die Taschen mitfassen.
Δ 7 Den Saum erst 1 cm dann 1 cm umbügeln und festnähen.

Bea mit Stoff Elfengarten blau
Abweichend vom Auflageplan haben wir Vorder- und Rückenteil (Nr. 1, 2+5) der Tunika aus dem Baumwollstoff Elfengarten blau genäht. Die Belege sind mit dem Baumwollstof Tupfen weiß-blau genäht (Nr. 3+4). Der untere Saum ist mit einem Schrägstreifen aus dem Stoff Tupfen weiß-blau belegt (siehe Grundanleitungen). Die Tasche im Muster zuschneiden und somit scheinbar unsichtbar aufnähen. Zu diesem Stoff passt besonders gut das Webetikett „ Mit Liebe selbstgemacht".

Bea mit Stoff Sommer mit Giesbert
Abweichend vom Auflageplan haben wir Vorder- und Rückenteil (Nr. 1+2) der Tunika aus dem Baumwollstoff Sommer mit Giesbert genäht. Die Belege sind mit dem Baumwollstoff Tupfen weiß-grün genäht. Der untere Saum ist mit einem Schrägstreifen aus dem Stoff Tupfen weiß-grün belegt (siehe Grundanleitungen). Die Tasche ist in Herzform (Schablone Nr. 5)gearbeitet. Sie wird rechts auf rechts doppelt genäht, verstürzt, gewendet und leicht schräg mit einer Doppelnaht aufgenäht (siehe Grundanleitungen).

Ein Spaziergang im Grünen

Kennst du schon den kleinen Regentonnenwicht Giesbert, der im Garten von Daniela Drescher wohnt? Ihn und seinen Geschichten kannst du auf diesem schönen Stoff entdecken, aus dem die Zipfeltunika genäht ist.

Rock „Isa“, Anleitung S. 73
Lieblingskette, Anleitung S. 31

Ein schöner Tag im Wald

Ganz versunken sein in den Schätzen der Natur. Düfte, Geräusche und Dinge entdecken.

Die liebsten Waldtiere tummeln sich fröhlich auf diesem Stoff. So wird dieser Rock zum Lieblingsstück.

WOHLFÜHLROCK „ISA“

Dies ist ein ausgestellter Vierbahnenrock mit wahlweise Gummitunnel oder Strickbund. Er ist schön im Sommer zu tragen, aber auch mit Strumpfhose oder Leggins für die kalte Jahreszeit geeignet.

Bahnenrock
Gr. 116 / 122 / 128 / 134 / 140
Schnittmuster auf Bogen Nr. 3

Stoffempfehlung: Baumwolle, Leinen

Auflageplan: Unser Auflageplan gilt für eine Verarbeitung mit einer Stoffsorte. Der Stoff wird doppelt gelegt.

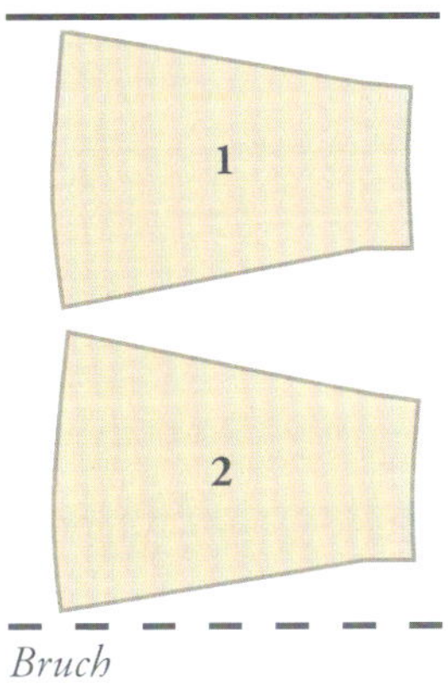

Materialverbrauch bei einer Stoffsorte (1,40 m breit), mit Gummitunnel: 116–140 = 0,45 m

Weitere Materialien:
- 0,60 m Gummiband, 2 cm breit

Grundanleitung:
Alle Schnittteile sind inklusive 1 cm Nahtzugabe. Die Anleitungsnummern in der Anleitung entsprechen den Anleitungsnummern auf dem Schnittmuster. Alle Teile laut Auflageplan zuschneiden.

Δ 1 Die vordere Mitte schließen.
Δ 2 Die hintere Mitte schließen.
Δ 3 Die Seitennähte schließen.
Δ 4 Den Saum zweimal 1 cm einschlagen und festnähen. Nach Belieben die untere Saumkante mit einem Organza-Rüschenband senfgelb verzieren.
Mit Strickbund: **Δ 5** Den Strickbund zum Ring schließen, doppelt legen und mit Stecknadeln in vier Abschnitte aufteilen.
Δ 6 Den Strickbund rechts auf rechts an den Rock stecken, so dass die Markierungsnadeln auf den Nähten liegen und festnähen.
Mit Gummitunnel: **Δ 7** Für den Gummitunnel erst 1 cm dann 3 cm umbügeln und festnähen. Dann das Gummi einziehen. Als hübsches Detail kann das Webband „Aus meiner Textilwerkstatt“ auf der Vorderseite aufgenäht werden.

Dieser kuschelweiche Wendemantel ist ein absolutes Lieblingsstück. Er kann von beiden Seiten getragen werden – je nach Lust und Laune.

Willst Du mit mir spielen?

Wendemantel „Karl“, Anleitung S. 79

LIEBLINGSSCHAL „PINA"

Dieser hübsche Schal hat ein einfaches Grundmuster, das nach Lust und Laune mit Häkelkanten und Webband verziert werden kann. So kann für Mädchen der Schal etwas aufwändiger verziert werden als für Jungs.

Strickschal
Länge: ca. 1,20 m

Material:

- 100 g Wolle Merida Farbe 00 wollweiß
- 50 g Wolle Merida Farbe 37 perlgrau
- Stricknadel Stärke 5
- Häkelnadel Stärke 3,5
- Webband

⬭ Luftmasche   ⫪ Stäbchen | feste Masche

Anleitung:
Kraus rechts = Hin- und Rückreihe rechte Maschen
Glatt rechts = Hinreihe rechte Maschen, Rückreihe linke Maschen
Glatt links = Hinreihe linke Maschen, Rückreihe rechte Maschen

Es werden 47 Maschen angeschlagen. • Der ganze Schal wird mit einem Knötchenrand gearbeitet. Hierfür werden die erste und letzte Masche der Reihe immer rechts gestrickt. • Es werden 4 M kraus rechts gestrickt, danach *4 M glatt rechts, 1 M glatt links *, 4 M glatt rechts, 4 M kraus rechts. • Der Schal wird auf eine Länge von 1,20 m gestrickt. Dann werden die Maschen abgekettet und die Fadenenden vernäht. Nun wird die Häkelborte an Anfang und Ende des Schals laut Häkelschrift angehäkelt. Dafür verwenden Sie die Farbe 37. • Die Fadenenden werden vernäht. Der Schal wird vorsichtig unter ein nasses Tuch gespannt. Zur Verzierung kann seitlich Webband per Hand angenäht werden. Für Jungs wird der Schal einfach ohne Häkelborte gearbeitet.

Ein angenähtes Webetikett verleiht dem kuscheligen Schal besonderen Pfiff und macht ihn unverkennbar.

Welche Seite darf's denn heute sein? Mit dieser schönen Wendejacke wird Anziehen zum Kinderspiel und nie langweilig.

WENDEJACKE „KARL“

Das Modell ist eine locker geschnittene Wendejacke mit überschnittenen Schultern, einer andersfarbigen Blende und großen Taschen. Aus Baumwolle oder Leinen genäht, ist die Jacke ein schöner Begleiter auch an warmen Tagen.

Wendejacke & Wendemantel
Gr. 116 / 122 / 128 / 134 / 140
fertige Länge Jacke Gr. 116 ca. 0,40 m
fertige Länge Mantel Gr. 116 ca. 0,65 m
Schnittmuster auf Bogen Nr. 2

Stoffempfehlung: Baumwolle, Leinen, Teddyplüsch

Auflageplan: Unser Auflageplan gilt für eine Verarbeitung mit drei Stoffsorten. Der Stoff wird doppelt gelegt. Für den Mantel Vorder-, Rückenteil und Blende ca. 25 cm langer zuschneiden.

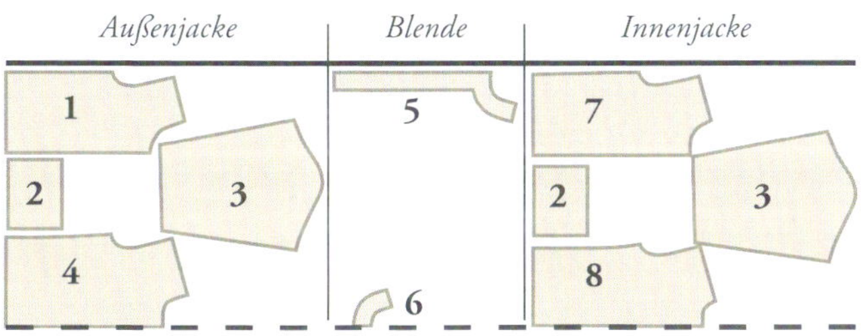

Materialverbrauch Wendejacke (Stoffbreiten 1,40 m):

Gr.	Außenstoff	Innenstoff	Blende
116	0,80 m	0,85 m	0,45 m
122	0,85 m	0,70 m	0,45 m
128	0,85 m	0,85 m	0,50 m
134	0,85 m	0,85 m	0,50 m
140	0,90 m	0,90 m	0,55 m

Materialverbrauch Wendemantel (Stoffbreiten 1,40 m):

Gr.	Außenstoff	Innenstoff	Blende
116	1,05 m	1,05 m	0,70 m
122	1,10 m	1,10 m	0,70 m
128	1,10 m	1,10 m	0,75 m
134	1,10 m	1,10 m	0,75 m
140	1,15 m	1,15 m	0,80 m

Weitere Materialien:

• 4-10 Knöpfe (auf beiden Jackenseiten werden Knöpfe aufgenäht)

Anleitung:
Alle Schnittteile sind inklusive 1 cm Nahtzugabe. Die Anleitungsnummern in der Anleitung entsprechen den Anleitungsnummern auf dem Schnittmuster. Alle Teile laut Auflageplan zuschneiden.

Für die Außenjacke
Δ 1 Die Blende ans Vorderteil nähen, die Nahtzugaben einschneiden und auseinander bügeln.
Δ 2 Die Blende ans Rückenteil nähen, die Nahtzugaben einschneiden und auseinander bügeln.
Δ 3 Die Schulternähte schließen.
Δ 4 Die Ärmel an Vorder- und Rückenteil nähen.
Δ 5 Die Ärmel- und Seitennähte schließen.
Δ 6 Die Taschensäume arbeiten, die Nahtzugaben umbügeln.
Δ 7 Die Taschen aufnähen.

Für die Innenjacke
Δ 8 Die Schulternähte schließen.
Δ 9 Die Ärmel an Vorder- und Rückenteil nähen.
Δ 10 Die Ärmel- und Seitennähte schließen, dabei an einer Seitennaht eine Wendeöffnung lassen.
Δ 11 Die Außen- und Innenjacke rechts auf rechts aufeinander legen, feststecken und verstürzen.

Δ 12 Die Ärmelenden rechts auf rechts aufeinander legen und verstürzen.
Δ 13 Die Jacke wenden, die Nähte ausbügeln und die Wendeöffnung mit Handstichen schließen.
Δ 14 Die Knopflöcher arbeiten und Knöpfe annähen, soll die Jacke zum Wenden sein, innen und außen je 1 Knopf annähen.

Für den Mantel

Die Schnittteile an den angegebenen Stellen um 25 cm verlängern und ansonsten wie die Jacke arbeiten, die Taschen 10 cm tiefer aufnähen. Möchten Sie die Jacke und den Mantel ohne andersfarbige Blende, so werden nur die Schnittteile der Innenjacke benutzt.

Mantel „Karl" in Pink (25 cm Verlängerung)

Der äußere Wendemantel ist aus Teddyplüsch pink und der innere Mantel aus dem Baumwollstoff Elfenträume genäht (Nr. 2, 3, 7+8). Abweichend vom Auflageplan haben wir das Vorderteil des Außenmantels nach dem Schnitt des Innenmantels zugeschnitten (Nr. 2, 3, 7). Das Rückenteil ist laut Auflageplan des Außenmantels (Nr. 4+6) zugeschnitten. In die entstehende Naht haben wir graue Organzarüsche eingenäht. Ein Webetikett „Meins" setzt darüber ein liebevolles Detail. Anstelle der Knopflöcher haben wir beim Verstürzen der Jacke Hutgummis als Knopflochösen mit in die Naht eingefasst. Nach dem Wenden der Jacke außen herum eine 3 cm breite Ziernaht in Teddyplüschfarbe absteppen. Danach die Holzknebelknöpfe aufnähen.

Jacke „Karl" in Taupe

Die äußere Wendejacke (Nr. 1–4) ist aus Teddyplüsch taupe und Baumwollstoff Tupfen taupe-weiß (Nr. 5+6) genäht. Abweichend vom Auflageplan haben wir die oberen Kanten der aufgesetzten Taschen in Saumbreite aus dem Baumwollstoff Tupfen taupe-weiß angesetzt. Auf den unteren Rand der rückwärtigen Blende haben wir einen Aufhänger aus weißer Flachkordel aufgenäht. Bei der Innenjacke haben wir abweichend vom Auflageplan den Ärmel (Nr. 3) und die Taschen (Nr. 2) aus Baumwollstoff Tupfen taupe-weiß genäht, die Vorder- und Rückseite (Nr. 7+8) aus dem Baumwollstoff Wiesenelfen.

Der Herbstwald lockt mit vielen Schätzen

Wenn die Tage kühler
erden, ist diese Wendejacke
s Teddyplüsch ein passender
Begleiter für unsere kleinen
Entdecker.

Wendejacke „Karl“, Anleitung S. 79

Lass uns auf Schatzsuche gehen

Hemd „Tom", Anleitung S. 42
Wendejacke „Karl", Anleitung S. 79

Das Selbermachen ist für Groß und Klein immer wieder eine besondere Erfahrung. Nähen, Sticken, Stricken oder Basteln lassen uns einkehren und schenken uns schöne Momente.

:: 1000 | 2091 | 4012 | 2023 | 3042

Gestickt wird mit deutschem Baumwollgarn der Firma Vaupel & Heilenbeck auf 12-fädigem Stickleinen.

Stichsymbole

+ Kreuzstich

+ + Halber Kreuzstich

Steppstich

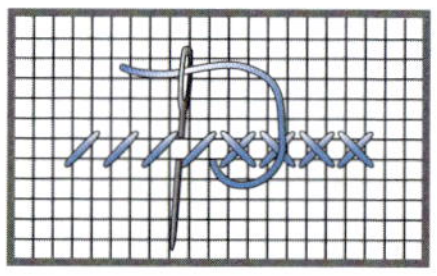

Kreuzstich

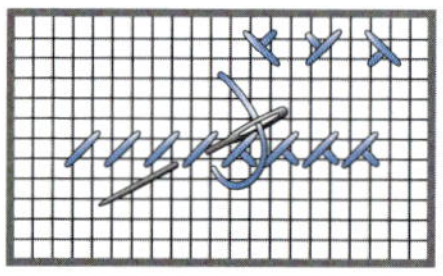

3/4 Kreuzstich

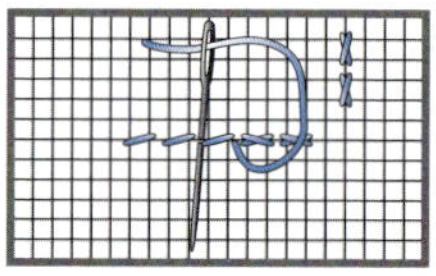

1/2 Kreuzstich

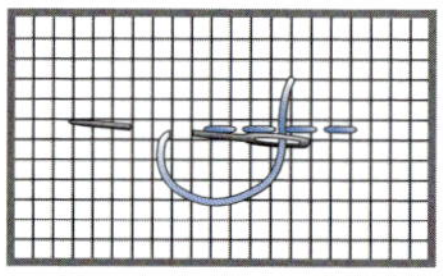

Steppstich

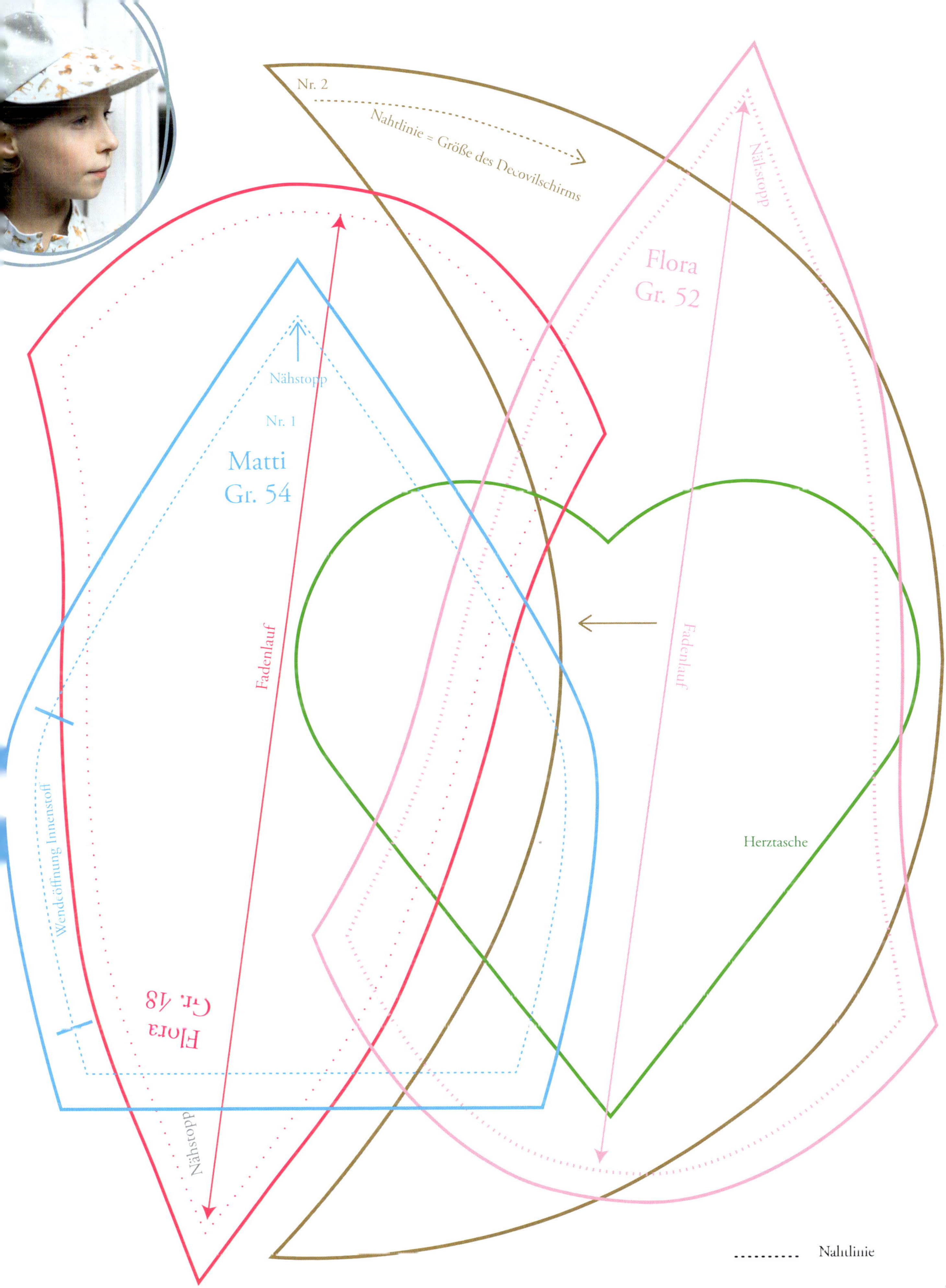

Nr. 2
Nahtlinie = Größe des Decovilschirms
Nähstopp
Flora
Gr. 52
Fadenlauf
Nähstopp
Nr. 1
Matti
Gr. 54
Fadenlauf
Wendeöffnung Innenstoff
Flora
Gr. 48
Nähstopp
Herztasche
Nahtlinie

Materialindex

Baumwollstoff Elfengarten blau, 145 cm breit, Art.-Nr. 3523-340
Baumwollstoff Elfengarten rosa, 145 cm breit, Art.-Nr. 3523-350
Baumwollstoff Lavendelelfen, 145 cm breit, Art.-Nr. 3523-370
Baumwollstoff Pusteblumenelfe, 145 cm breit, Art.-Nr. 3523-380
Baumwollstoff Blättchen grau, 145 cm breit, Art.-Nr. 3523-320
Baumwollstoff Wintergras, 145 cm breit, Art.-Nr. 3523-270
Baumwollstoff Elfenträume, 145 cm breit, Art.-Nr. 3523-280
Baumwollstoff Beerenzeit, 145 cm breit, Art.-Nr. 3523-290
Baumwollstoff Sterntalerelfe, 145 cm breit, Art.-Nr. 3523-300
Baumwollstoff Wolkenkinder, 145 cm breit, Art.-Nr. 3523-640
Baumwollstoff Einhornschaf, 145 cm breit, Art.-Nr. 3523-560
Baumwollstoff Sommer mit Giesbert, 145 cm breit, Art.-Nr. 3523-570
Baumwollstoff Landleben Rosa, 145 cm breit, Art.-Nr. 3523-610
Baumwollstoff Landleben Blau, 145 cm breit, Art.-Nr. 3523-620
Baumwollstoff Lieblingsesel, 145 cm breit, Art.-Nr. 3523-630
Baumwollstoff Waldtiere, 145 cm breit, Art.-Nr. 3523-650
Baumwollstoff Tierkinder, 145 cm breit, Art.-Nr. 3523-660
Baumwollstoff Vogelwelt, 145 cm breit, Art.-Nr. 3523-670
Baumwollstoff Tupfen weiß grün, 145 cm breit, Art.-Nr. 3523-460
Baumwollstoff Tupfen weiß pink, 145 cm breit, Art.-Nr. 3523-470
Baumwollstoff Tupfen weiß gelb, 145 cm breit, Art.-Nr. 3523-450
Baumwollstoff Tupfen blau weiß, 145 cm breit, Art.-Nr. 3523-440
Baumwollstoff Tupfen taupe weiß, 145 cm breit, Art.-Nr. 3523-590
Baumwollstoff Tupfen rot weiß, 145 cm breit, Art.-Nr. 3523-500
Baumwollstoff Tupfen grün weiß, 145 cm breit, Art.-Nr. 3523-490
Baumwollstoff Tupfen altrosa weiß, 145 cm breit, Art.-Nr. 3523-600
Baumwollstoff Tupfen grau weiß, 145 cm breit, Art.-Nr. 3523-730
Baumwollstoff Tupfen graublau weiß, 145 cm breit, Art.-Nr. 3523-480

Leinenstoff natur 140 cm breit, Art.-Nr. 3622-RS0041-153
Leinenstoff grau 140 cm breit, Art.-Nr. 3622-RS0041-164
Leinenstoff meliert rosa, 135-140 m breit, Art.-Nr. 3622-MR1023-013
Leinenstoff meliert mint, 135-140 m breit, Art.-Nr. 3622-MR1023-022
Leinenstoff meliert jeansblau, 135-140 m breit, Art.-Nr. 3622-MR1023-007
Leinenstoff meliert dunkelblau, 135-140 m breit, Art.-Nr. 3622-MR1023-008
Leinenstoff meliert natur, 135-140 m breit, Art.-Nr. 3622-MR1023-063

Teddyplüsch pink, 150 cm breit, Art.-Nr. 3622-RS0034-014
Teddyplüsch taupe, 150 cm breit, Art.-Nr. 3622-RS0034-053
Feintüll hellpetrol, 150 cm breit Art.-Nr. 3704-213

Gekochte Wolle, wollweiß, 140 cm breit, Art.-Nr. 3622-MR1043-051
Gekochte Wolle, senfgelb, 140 cm breit, Art.-Nr. 3622-MR1043-032
Gekochte Wolle, hellpetrol, 140 cm breit, Art.-Nr. 3622-MR1043-005
Gekochte Wolle, rauchblau, 140 cm breit, Art.-Nr. 3622-MR1043-003
Gekochte Wolle, altrosa, 140 cm breit, Art.-Nr. 3622-MR1043-012

Webband Blütenelfen 16 mm breit, Art.-Nr. 35229
Webband Meisenprinz 16 mm breit, Art.-Nr. 35233
Webband Schlafende Elfe 16 mm breit, Art.-Nr. 35210-02
Webband Elfe im Gras 16 mm breit, Art.-Nr. 35209
Webband Elfe mit Vogel 16 mm breit, Art.-Nr. 35208
Webband Zaunkönig 16 mm breit, Art.-Nr. 35238
Webband Kinder mit Hühnern 16 mm breit, Art.-Nr. 35260
Webband Mädchenwiese 16 mm breit, Art.-Nr. 35261
Webband Wolkenkinder 16 mm breit, Art.-Nr. 35262
Webband Lieblingsesel 16 mm breit, Art.-Nr. 35263
Webband Vogelranke 16 mm breit, Art.-Nr. 35264
Webband Tierkinder 16 mm breit, Art.-Nr. 35265
Webband Minzmädchen 16 mm breit, Art.-Nr. 35232
Webband Weidenvögel 16 mm breit, Art.-Nr. 35231

Webetikett Für Königskinder 75 x 16 mm, Art.-Nr. 35236
Webetikett Zaunkönig Meins 75 x 16 mm, Art.-Nr. 35237
Webetikett Elfe-Mit Liebe selbstgemacht 80 x 20 mm, Art.-Nr. 35218
Webetikett Elfe-Liebe war am Werk 80 x 20 mm, Art.-Nr. 35217
Webetikett Elfe-Selbstgemacht 80 x 20 mm, Art.-Nr. 35216
Webetikett Rotkehlchen Meins, 80 x 20 mm, Art.-Nr. 35220

Samtband braun, elastisch, 16 mm, elastisch, Art.-Nr. 6425-2804-016-213
Samtband natur grün, elastisch, 16 mm, elastisch, Art.-Nr. 6425-2804-016-359
Samtband pink, elastisch, 16 mm, elastisch, Art.-Nr. 6425-2804-016-400
Samtband hellblau, elastisch, 16 mm, elastisch, Art.-Nr. 6425-2804-016-405
Samtband rosa, elastisch, 16 mm, elastisch, Art.-Nr. 6425-2804-016-407
Samtband petrol, elastisch, 16 mm, elastisch, Art.-Nr. 6425-2804-016-397
Samtband grau, elastisch, 16 mm, elastisch, Art.-Nr. 6425-2804-016-362

Satinschleifenband rosa, 15 mm, Art.-Nr. 6425-3303-015-326
Satinschleifenband weiß, 15 mm, Art.-Nr. 6425-3303-015-201
Flachkordel grau, 10 mm, Art.-Nr. 6425-4040-010-316
Hutgummi creme, 1.5 mm, Art.-Nr. 6425-4304-1.5-245

Baumwollschnur cremeweiß, 2.2 mm, Art.-Nr. 6425-3870-2.2-245
Baumwollschnur grau, 2.2 mm, Art.-Nr. 6425-3870-2.2-240
Baumwollschnur natur, 2.2 mm, Art.-Nr. 6425-3870-2.2-402

Vlieseline 90 cm breit, Art.-Nr. 3255-106
Decovil light, 90 cm breit, Art.-Nr. 3255-113
Stickleinen/Zählleinen weiß 12-fädig, 140 cm breit, Art.-Nr. 319-113W
Stickgarne der Firma Vaupel & Heilenbeck
Überziehbare Knöpfe, 29 mm, 3 Stück, Art.-Nr. 6359-323163

Wolle Merida altrosa 50 g, 200 m, 50%Schurwolle, 25% Seide, 25% Polyamid , Art.-Nr. 3672-ME-40
Wolle Merida wollweiß 50 g, 200 m, 50%Schurwolle, 25% Seide, 25% Polyamid , Art.-Nr. 3672-ME-00
Wolle Merida eisblau 50 g, 200 m, 50%Schurwolle, 25% Seide, 25% Polyamid , Art.-Nr. 3672-ME-54
Wolle Merida perlgrau 50 g, 200 m, 50%Schurwolle, 25% Seide, 25% Polyamid , Art.-Nr. 3672-ME-37

Die hier aufgeführten Materialien erhalten Sie direkt bei uns auf www.acufactum.de oder im gut sortierten Fachhandel.

Feine Webetiketten

100% Polyester

35216 / Webetikett Selbstgemacht / ca. 20 x 80 mm

35217 / Webetikett Liebe war am Werk / ca. 20 x 80 mm

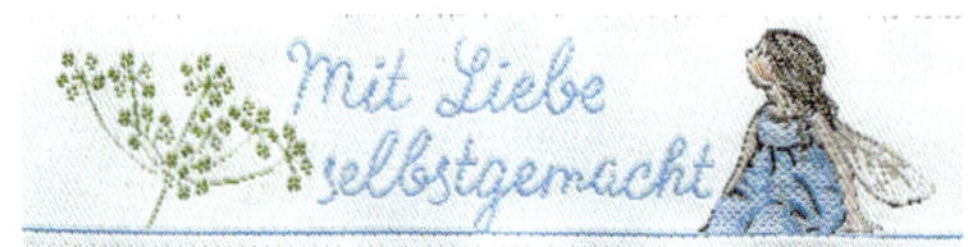

35218 / Webetikett Mit Liebe selbstgemacht / ca. 20 x 80 mm

35220 / Webetikett Meins Rotkehlchen / ca. 20 x 80 mm

35235 / Webetikett Lieblingsstück Vogelsommer / ca. 16 x 75 m

35236 / Webetikett Für Königskinder / ca. 16 x 75 mm

35237 / Zaunkönig Meins / ca. 16 x 75 mm

35244 / Webetikett Aus meiner Textilwerkstatt /ca. 20 x 50 mm

Malerische Baumwollstoffe

3523-270
Elfen im Wintergras

3523-280
Elfenträume

3523-290
Beerenzeit

3523-300
Sterntaler-Elfe

3523-640
Wolkenkinder

3523-340
Elfengarten blau

3523-350
Elfengarten rosa

3523-370
Lavendelelfen

3523-380
Pusteblumen Elfe

3523-670
Vogelwelt

3523-560
Das Einhornschaf

3523-570
Sommer mit Giesbert

3523-610
Landleben Rosa

3523-620
Landleben Blau

3523-630
Lieblingsesel

3523-650
Waldtiere

3523-660
Tierkinder

Unsere farbig bedruckten Baumwollstoffe bestehen aus 100% Baumwolle und sind 145 cm breit.

Mehr ENTDECKEN AUF WWW.acufactum.de

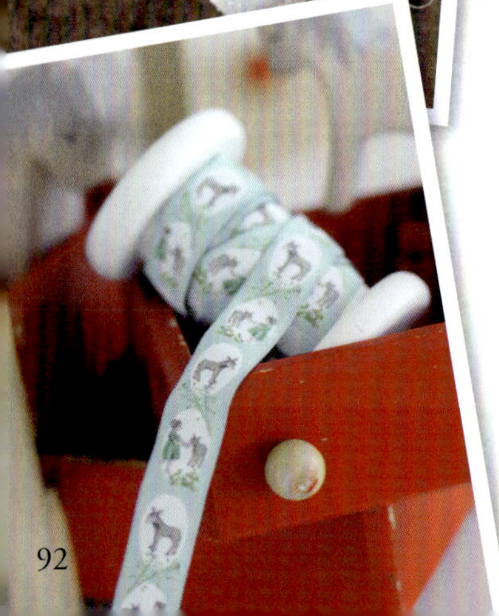

Feine Webbänder

100% Polyester

35260 / Webband Kinder mit Hühnern / 16 mm breit

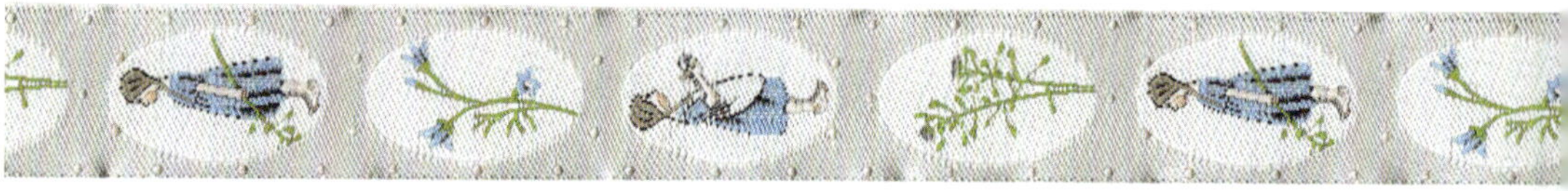

35261 / Webband Mädchenwiese / 16 mm breit

35262 / Webband Wolkenkinder / 16 mm breit

35263 / Webband Lieblingsesel / 16 mm breit

35264 / Webband Vogelranke / 16 mm breit

35265 / Webband Tierkinder / 16 mm breit

35208 / Webband Elfe mit Vogel / 16 mm breit

35209 / Webband Elfe im Gras / 16 mm breit

35210 / Webband Elfe mit Blüten / 16 mm breit

Feine Webbänder

100% Polyester

35230 / Webband Vogelsommer / 16 mm breit

35231 / Webband Weidenvögel / 16 mm breit

35232 / Webband Minzmädchen / 16 mm breit

35233 / Webband Meisenprinz / 16 mm breit

35234 / Webband Blütenkreise rosa / 16 mm breit

35238 / Webband Webband Zaunkönig / 16 mm breit

35210-01 / Webband Beerenelfe / 16 mm breit

35210-02 / Webband Schlafende Elfe / 16 mm breit

35229 / Webband Blütenelfen / 16 mm breit

NEU

Wir feiern das Leben

Liebevolle Handarbeiten & Dekorationen
für die schönsten Feste des Lebens
112 Seiten, 21,5 x 27 cm, Hardcover
Art.-Nr. 4042 / ISBN 978-3-940193-50-6
€ 24,90 (D) / Erscheint Mai 2019

Viktoria Egert

In diesem Buch zeigt uns Viktoria Egert liebevolle Handarbeiten und elegant Dekorationen für die schönsten Feste des Jahres, alles von ihr selbst wundervol inszeniert und fotografiert. Lassen Sie sich inspirieren und entdecken Sie Näh und Handarbeitsprojekte rund um die Themen Hochzeit, Geburt eines Kindes Konfirmation und Kommunion, Ostern, Muttertag, Erntedank, Advent unc Weihnachten. Anhand der ausführlichen Anleitungen können Sie die schöner Projekte leicht nacharbeiten und so für die schönsten Anlässe in Ihrem Leber ganz besondere Unikate schaffen. Machen Sie sich und anderen eine Freude unc feiern Sie das Leben!

Mehr ENTDECKEN AUF WWW. acufactum.de

Was wir lieben
112 Seiten, 21,5 x 27 cm,
Hardcover
Art.-Nr. 4039
ISBN 978-3-940193-47-6

Zauberzarter Elfengarten
96 Seiten, 21,5 x 27 cm,
Hardcover
Art.-Nr. 4037
ISBN 978-3-940193-45-2

Winter im Elfenwald
112 Seiten, 21,5 x 27 cm,
Hardcover
Art.-Nr. 4038
ISBN 978-3-940193-46-9

Pippa & Pelle
112 Seiten, 21,5 x 27 cm,
Hardcover
Art.-Nr. 4040
ISBN 978-3-940193-48-3

Feine Dinge mit Motiven von Daniela Drescher

Impressum

2. Auflage 2019
Herausgeberin: Ute Menze
Verlag acufactum Ute Menze
Buchenstraße 11 • 58640 Iserlohn-Hennen
Tel.: 02304-91097-0 • Fax: 02304-91097-26
E-Mail: info@acufactum.de
Internet: www.acufactum.de

- Idee & Konzept: Meike Menze-Stöter
- Styling und Fotografie und Entwurf Eseltasche: Michèle Brunnmeier, Bietigheim
- Gedicht von Seite 56, Illustrationen und Stickmuster nach Zeichnungen von: Daniela Drescher, Blaubeuren
- Daniela Dreschers Illustration Gänseflug Seite 55+57 aus dem Buch „Andersens Märchen", sowie die Giesbert-Motive S. 68+69 aus dem Buch „Giesbert in der Regentonne" durften wir mit freundlicher Genehmigung des Verlages Urachhaus verwenden.
- Schnittmuster: Natur zum Anziehen, Monika Popp, Berlin
- Alle Kindermodelle im Buch sind genäht von: Elisabeth Esch, Hürtgenwald
- Accessoires und Strickmodelle Seite 22, 27-32, 38, 62, 65 + 76: Eva-Maria Maier, Weingarten
- Gestaltung und Satz: Heike Rohner acufactum, Iserlohn
- Foto farbiger Holzhintergrund: © Designed by freepik
- Druck: Neografia, Slowakei

Dankeschön

Einen besonderen Dank sagen wir den zauberhaften Fotomodellen Anna, Emma, Greta, Jonah, Matti und Milla. Wir freuen uns so sehr, dass ihr unseren Buchseiten so viel Freude verleiht.

Vielen Dank auch an die Gärtnerei Elsäßer in Stuttgart und Ramona Kohler, die uns so selbstlos und großzügig ihre Räumlichkeiten für die Fotografien zur Verfügung gestellt haben.

Bibliografische Information Deutsche Nationalbibliothek
Die Deutsche Nationalbibliothek verzeichnet diese Publikation in der Deutschen Nationalbibliografie; detaillierte bibliografische Daten sind im Internet über http://d-nb.de abrufbar.

Hilfe bei den Schnittmustern

Falls Sie Fragen zu den einzelnen Schnittmustern haben, wenden Sie sich gerne an Monika Popp von Natur zum Anziehen.

Telefon 030-40745327
info@natur-zum-anziehen.de
www.natur-zum-anziehen.de